Nikolaus Schneider (Hg.)
**Ich bin evangelisch**

· · · · · · · · · · · · · · · · · · · · · · · · · · · · · · · · · · · ·

Glaube und Kirche waren dem Herausgeber **NIKOLAUS SCHNEIDER**
nicht in die Wiege gelegt: Der 1947
geborene Sohn eines Hochofenar-
beiters überraschte die Eltern mit
seinem Studienwunsch Evangelische
Theologie. Als Pfarrer in Rheinhausen
setzte er sich für den Erhalt von Ar-
beitsplätzen in der Kohle- und Stahl-
industrie ein. Nach Stationen u. a.
als Diakoniepfarrer war er von 2003
bis 2013 Präses der rheinischen Landeskirche, seit 2010 Ratsvorsitzender
der EKD. Von diesem Amt trat er im
November 2014 zurück, um seine er-
krankte Frau begleiten zu können.

Nikolaus Schneider (Hg.)

# ICH BIN
# *evangelisch*

## MENSCHEN SPRECHEN
## ÜBER IHREN GLAUBEN

edition ⚹ chrismon

# INHALT

*I*m Frühjahr dieses Jahres entstand die Idee, Menschen aus Gesellschaft, Wirtschaft und Politik zu fragen, auf welche je eigene Weise sie sich »evangelisch« fühlen. Wir wollten dabei bewusst keine hauptberuflichen Theologinnen und Theologen ansprechen, sondern sogenannte »Laien«. Also Menschen, die aufgrund ihrer Taufe und nicht aufgrund eines kirchlichen Amtes das Haus unserer Kirche bauen und repräsentieren. Als »lebendige Steine«, wie es in dem Bild des ersten Petrusbriefes heißt (1. Petrus 2,5). Damals ahnte ich noch nicht, dass dieses Buch den Abschied von meiner kirchenleitenden Arbeit markieren würde.

Umso mehr beglückt es mich, dass uns so zahlreiche Menschen ihr Vertrauen geschenkt und öffentlich Zeugnis gegeben haben von ihrem Glauben und von ihrem Leben. Selbst so persönlichen Fragen, ob sie kirchlich getraut sind, ob es für sie selbstverständlich war, ihre Kinder taufen zu lassen, und wie sie einst sterben wollen, wurden beantwortet.

Ich habe alle diese Beiträge mit großer Anteilnahme, mit Gewinn und mit Freude gelesen. Mir wurde dabei neu bewusst: »Evangelisch sein« bindet das Feiern von Sonntagsspiritualität und das christliche Leben im Alltag zusammen. Von der Predigt im Sonntagsgottesdienst erwarten und erhoffen sich evangelische Menschen Wegzehrung für ihr Leben als Christin und Christ in der Welt.

Diese Zeugnisse, die wir im Sommer 2014 für dieses Buch und für chrismon spezial zum Reformationstag gesammelt haben, verdeutlichen: Das schöne Bild aus dem 1. Petrusbrief, das unsere Kirche als ein »Haus der lebendigen Steine« beschreibt, trägt bis heute. In diesem Haus haben und finden unterschiedlich geprägte und sich unterschiedlich äußernde evangelische Menschen Wohnraum und Heimat. Und diese Vielfalt und Vielstimmigkeit müssen uns nicht ängstigen. Wir dürfen uns daran erfreuen, weil und solange Jesus Christus der tragende Eckstein und der Herr unserer Kirche bleibt.

**NIKOLAUS SCHNEIDER,** Berlin, 31. Oktober 2014

# *Wer seine* **WURZELN** *nicht kennt, kann nicht wachsen*

PETER BARRENSTEIN

*I*n Berlin 1950 geboren, getauft und aufgewachsen, denke ich noch heute an die Erntedankfeste zurück. Aus meiner damaligen Sicht wurden unglaubliche Mengen an Obst, Gemüse und Broten festlich präsentiert und in noch immer gegenwärtiger Art und Weise dem lieben Gott gegenüber »bedankt«. Dies ist sicher ein Startpunkt für meine Kirchenbindung. Zweite für mich wesentliche »Sensibilisierungswelle« war die des Konfirmandenunterrichtes in meiner dann Kölner evangelischen Gemeinde sowie die anschließende

PETER BARRENSTEIN

Mitgliedschaft bei den »Langobarden« im CVJM (Christlicher Verein Junger Menschen).

Kirchlich geprägt haben mich Männer, die sich den Verbrechern des »Dritten Reiches« entgegenstellten: Dietrich Bonhoeffer mit seinem Mut und seiner unendlichen Zuversicht und später dann Martin Niemöller, den ich auch persönlich als Förderer von Amnesty International, in dessen Bundesvorstand ich Anfang der 70er Jahre gewählt wurde, kennenlernte. Politisch waren es, wie für viele andere meiner Generation, John F. Kennedy und später dann die damalige »Lichtgestalt« Willy Brandt, der mehr Demokratie wagen wollte. Ganz persönliches Vorbild wurde mein Onkel, der bereits in den 70er Jahren wirtschaftlich global aktiv war und mich mit jungen Jahren die weite Welt in Amerika und Hongkong kennenlernen ließ.

Unser christlicher Glaube – aufbauend auf dem Judentum – bildet die Wurzeln für unser Handeln und Denken in der westlichen Welt. Die Leitgedanken der Französischen Revolution, der amerikanischen Unabhängigkeitserklärung wie auch der Menschenrechte und schließlich des Grundgesetzes unseres Landes sind geprägt durch den christlichen Glauben. Die Zehn Gebote, die Gedanken der Bergpredigt und die drei großen Gleichnisse der Bibel (vom barmherzigen Samariter, vom verlorenen Sohn und von der Ehebrecherin, auf die nur der einen Stein werfen solle, der selbst ohne Sünde ist) haben uns alle in hohem Maße geprägt – und mich selbst auch. Und wer seine Wurzeln nicht kennt und pflegt, kann wohl tatsächlich nicht leben und wachsen.

Darüber hinaus finde ich meine persönliche Basis in der durch den christlichen Glauben vermittelten Hoffnung, dass da jemand ist, der seine Hand über mich hält. Und dass ich als Mensch ganz unabhängig von meiner Leistung (und Nicht-Leistung) anerkannt und geliebt werde, dass meine Sünden vergeben werden und auch ich vergeben darf. Und dass ich das Vertrauen darauf haben darf, dass mit dem Tod nicht alles zu Ende sein wird und ich nicht tiefer als in die Hände meines Gottes fallen kann.

Ich glaube, dass uns durch unseren gemeinsamen Glauben mit der katholischen Kirche viel mehr verbindet als trennt. Die diskutierten Unterschiede, wie beispielsweise die der Frauenordination, des gegenseitigen Zugangs zum Abendmahl oder auch die der Rolle von Rom, halte ich langfristig für überwindbar oder ganz einfach gegenseitig respektierbar und für die Kirchenbasis vielfach nicht wirklich relevant. Meine Frau und ich haben 1977 auf einer fränkischen Burg ökumenisch geheiratet. Katholischerseits war dies zum damaligen Zeitpunkt zumindest in Bayern noch recht gewöhnungsbedürftig und für die ersten angesprochenen katholischen Priester auch weder selbstverständlich noch überhaupt machbar. Heute führe ich mit meiner katholischen Frau eine lebendige Ehe, in der die Kirchenunterschiede keine Rolle spielen. Wir besuchen – nicht regelmäßig – evangelische und katholische Gottesdienste.

Was ich an unserer Kirche gut finde? Zuvorderst nennen möchte ich hier die große Zahl engagierter Mitarbeiterinnen und Mitarbeiter sowohl im hauptamtlichen wie aber auch im ehrenamtlichen Bereich. Dieses hohe Engagement von Millionen von Menschen fundiert und stärkt deren eigenen Glauben und dient sicherlich auch vielfach als gutes Beispiel für noch zu Kirche und Glaube Fernstehende. Darüber hinaus müssen natürlich auch die vielen durch diese Mitarbeiter getragenen tollen kirchlichen Angebote genannt werden: beispielsweise im Bereich der evangelischen Bildungsarbeit, bei herausragend gestalteten Kasualien, bei der Seelsorge – aber natürlich auch im großen Bereich der diakonischen Leistungs-

> » *Ich hoffe, es gelingt unserer Institution, vorhandene* **SCHWACHSTELLEN** *zu beseitigen.* «

erbringung. Was mich stört: Mutlosigkeit, freudlose Angebotserbringung, qualitativ wenig beispielsetzende Einzelangebote sowie manchmal für mich viel zu lange dauernde Entscheidungsprozesse stellen kontinuierliche Herausforderungen an meine eigene Geduld sowie meine Motivation zur Mitarbeit dar. Die oben skizzierte Hoffnung sowie das Vertrauen darauf, dass alles ja doch nur besser werden kann, helfen mir aber bisher immer, etwaige eigene Barrieren zu überwinden. Darüber hinaus brauchen wir unsere Institution ja dringend zur Tradierung unseres Glaubens – auch über die Generationen hinweg.

Im Gottesdienst möchte ich idealerweise die eine Botschaft erhalten, die mich zur Reflexion oder gar zum anschließenden Handeln zwingt. Die Botschaft, die mich dann möglicherweise auch die nächsten Tage und Wochen weiter begleiten kann. Ich erlebe dies dominant eher bei US-amerikanischen Fernsehpredigten denn in evangelischen Gottesdiensten in Deutschland. Aus diesem Grunde reduziert sich mein Gottesdiensterlebnis vielfach auf eigene Meditation –

was ja durchaus auch Kraft geben kann. Trotzdem ärgern mich oft Gottesdienste, die oberflächlich, gedanken- und lieblos »abgearbeitet werden« und wo der Pfarrer und die Pfarrerin nur sehr wenig Rücksicht auf die anzusprechende Zielgruppe nimmt. Darüber hinaus verstören mich teilweise vorgegebene Lieder, die aufgrund ihrer »komplizierten Melodie« für nicht Geübte kaum singbar sind.

Ich war lange in der Wirtschaft tätig, sodass ich einige deutliche Unterschiede zwischen wirtschaftlichen Unternehmen und der Institution Kirche sehe. Zum einen spielt bei Wirtschaftsunternehmen und dem dort vorherrschenden Menschenbild nach wie vor die Leistungsorientierung eine ganz dominante Rolle. Kirche hat hier ein ganzheitliches Menschenbild, eine grundlegende Akzeptanz auch der Menschen, die nicht so leistungsfähig sind. Wobei, bezogen auf die Mitarbeiterinnen und Mitarbeiter der Kirche, Leistungsorientierung natürlich sehr wohl relevant sein muss. Zum anderen hat unsere Kirche in der systematischen und auch quantifizierten Zielsetzung und der entsprechenden Zielerreichungskontrolle sicherlich im Vergleich noch Verbesserungspotenzial. Darüber hinaus gibt es viele andere Unterschiede – beispielsweise bei der Mitarbeiterführung und -motivation, bei Leitungsstrukturen und anderswo.

In meiner Rolle als Beauftragter des Rates der EKD für das Thema Führen und Leiten geht es mir um den Aufbau wirklicher Führungs- und Leitungskompetenz auch in der Kirche. Das wird im Vergleich zur Wirtschaft oder auch zu anderen Organisationen nicht wirklich systematisch gelehrt. Gute Rollenmodelle fehlen oft, Führungsinstrumentarien sind in

**PETER BARRENSTEIN**

ihrer Qualität und Anwendungsintensität sehr unterschiedlich und auch die Führungsstrukturen sind oftmals weder effizient noch effektiv – was aber beispielsweise nicht heißen soll, dass die unsere Kirche differenzierenden Synodalstrukturen aufgegeben werden sollten. Die damit erreichte Basisorientierung erscheint mir als recht hoher Wert.

Ich hoffe, es wird unserer Institution gelingen, vorhandene Schwachstellen zu beseitigen – beispielsweise in der Qualität der Angebotserbringung, aber auch in der freudigen Beispielsetzung durch die Mitarbeiter und Mitglieder. Christlicher Glaube und die Institution Kirche sollten ihre individuelle und ihre gesellschaftliche Bedeutung erhalten, ja möglicherweise in den kommenden Jahrzehnten auch wieder ausbauen. Ich erhoffe mir, dass der christliche Glaube für viele Menschen bedeutsam und tragend sein kann – so wie ich hoffe, dass dies auch für mich bei allem immer wieder auftauchenden Zweifel über die kommenden Jahre weiter der Fall sein wird.

· · · · · · · · · · · · · · · · · · · · · · · · · · · · · · · · · · · · · · · · · · · · · · · · · · · · · · · · · · · · · · · · ·

Effiziente Strukturen in der Kirche für die Kernaufgaben Seelsorge und Verkündigung – auch mit Methoden der Unternehmensführung – möchte er schaffen: Der Unternehmensberater Dr. **PETER BARRENSTEIN**, geboren 1950, war von 1980 bis 2007 Senior Partner bei McKinsey & Company. Er ist Mitglied und Vorsitzender unterschiedlicher kirchlicher und privatwirtschaftlicher Aufsichtsgremien, u. a. Vorsitzender des Arbeitskreises Evangelischer Unternehmer in Deutschland, Mitglied der Synode der EKD und Beauftragter des Rates der EKD für das Thema Führen und Leiten. Peter Barrenstein ist verheiratet, hat zwei erwachsene Kinder und lebt in München.

# BERÜHRT
*mich!*

....................................

CLAUDIA C. BENDER

*T*atsächlich erinnere ich mich in gar keiner Weise mehr an den Religionsunterricht in der Schule. Umso mehr hinterließ der Konfirmationsunterricht Spuren. Bei jedem Kirchenbesuch denke ich an den Pastor, der mir beigebracht hat, den Blick auch im Angesicht des Altars und des Kreuzes nicht zu senken, sondern geradeaus zu blicken mit offenen Augen, weil Gott keine Unterwürfigkeit will, sondern selbstbewusste, stolze, aufrechte Schafe in seiner Herde. Der Pastor, der viele Jahre als Missionar in Afrika gewirkt hatte, öffnete uns Fast-schon-Teenagern den Blick über den Tellerrand des westdeutschen Landlebens hinaus. So habe ich gelernt: dass ich gewollt bin, dass ich frei bin, dass mir verziehen wird. Der Glaube an Gott ist mir so allumfassend, dass ich in jeder Minute meines Lebens auch in Zeiten größten Zweifels immer sicher bin: Gott liebt mich.

Ich versuche mich so zu verhalten, wie man mir beigebracht hat, dass ein guter Christ zu sein hat. Und obwohl ich andauernd fehle, versuche ich einfach ein netter Mensch zu anderen zu sein. Das will Gott von uns. Wenn wir alle nur das sind, können wir viel mehr nicht werden. Jedes Mal, wenn ich ein Haus Gottes irgendwo auf der Welt betrete, bete ich. Ich danke häufig, weil ich glücklicherweise so viel zu danken habe. Ich bitte um Hilfe, wenn es mal schwierig ist. Ich bin immer noch das kleine Mädchen, das mit Gott spricht, der immer da ist, alles sieht und mich am Ende von allem in den Arm nimmt. Selbstverständlich bin ich auch kirchlich getraut. Welche Prinzessin lässt sich die Gelegenheit entgehen, in einem weißen Kleid von ihrem Prinzen in den Himmel auf Erden entführt zu werden? Distanz zu Religion empfinde ich an Orten in der Welt, wo die kriegerischen Auseinandersetzungen im Namen Gottes überhandnehmen. Zweifel befallen mich im Angesicht von Krankheit und Tod, um sofort wieder von Hoffnung ersetzt zu werden.

Ich fühle mich evangelisch, weil ich keinesfalls katholisch sein will. Ein bisschen mehr Franziskus, mehr Mut zum Zauber, ein Schlag mehr katholisches Selbstbewusstsein, das täte uns zwar gut, aber die Nachteile des männlichen Popanz überwiegen doch ungemein und somit bin und fühle ich mich rundherum evangelisch.

Die Kirche muss attraktiv sein für viele. Vorbild, nicht Mittelpunkt der Kritik. Sie soll mitreden, soll gestalten, soll Meinung haben und das Leben besser machen. Sie soll sich einmischen, soll Position beziehen, das Gute in der Welt verteidigen. Meine Kirche soll recht haben, nicht im Mainstream schwimmen, soll Werte aufrecht und Maß halten lehren.

Was mich aufregt, ist dieses Bild der Kirche: ein langweiliger Haufen, der glaubt, alles ginge so weiter wie bisher. Eine Institution, die stets vermittelt, die Schäflein sind selber schuld, wenn sie den Hirten nicht mehr hinterherlaufen. Eine Institution, die mehr mit sich selber beschäftigt ist als mit den Bedürfnissen der Gläubigen. Die nicht schafft, ihre Attraktivität wenigstens denen nachhaltig näherzubringen, die schon Berührungen haben.

Das gleiche gilt auch für den Gottesdienst: Er soll mich berühren. Er soll mich entführen in eine andere Welt jenseits des Alltags. Ein guter Gottesdienst entlässt mich beseelt. Durch die Worte Gottes, durch die Liturgie, durch gute Musik, eine gute Predigt. Schlechte Gottesdienste sind selten Geschmackssache, sondern eine Frage der Qualität. Ich brauche niemanden, der mir den »Spiegel« der letzten Woche vorliest. Ich brauche niemanden, der mir sagt, was ich denken soll, was alles falsch läuft, woran immer die anderen schuld sind. Ich will Anregungen, Nachdenken, Hoffnung vermittelt bekommen. Ich will herausgeholt werden aus meinem Alltag, weil das Göttliche den Weg bereitet. Entführe mich und berührt mich!

Ohne einen leisen Hauch der Erinnerung am 8. November 1970 in der Erlöserkirche, Neunkirchen-Salchendorf (NRW), getauft: **CLAUDIA C. BENDER** ist Fernsehjournalistin und Medientrainerin in Berlin. Als Geschäftsführerin Fulmidas Medienagentur GmbH produziert sie unter anderem den Polittalk »Studio Friedman« des Nachrichtensenders N24, Reportagen und Web-TV-Formate. Zuvor war Claudia Bender sechs Jahre lang Chefin vom Dienst der ARD-Talkshow »Sabine Christiansen« und Dozentin an der Universität der Künste Berlin. Von 1994 bis 2000 war sie in den Nachrichtenredaktionen und Parlamentsbüros von ProSieben und SAT.1 sowie für Magazinsendungen des WDR tätig.

17

# Fundamentalismus verrät die **IDEEN** des Christentums

KARLHEINZ BRANDENBURG

*I*ch wurde ganz klassisch evangelisch sozialisiert, meine beiden Eltern hatten mit der Kirche zu tun, hatten sich sogar über den Kindergottesdienst kennengelernt. Konfirmiert wurde ich in Erlangen, mein Konfirmationsspruch, den ich mir selbst ausgesucht hatte, lautet: »Man muss Gott mehr gehorchen als den Menschen.« (Apg 5,29) In der Grundschule war Albert Schweitzer eines meiner Vorbilder, später hat mich Taizé geprägt und die Einsicht, dass eine christliche Kirche nicht mehrere Organisationen braucht.

Mit vierzehn Jahren ging ich zu den christlichen Pfadfindern und war dann lange in der Jugendarbeit aktiv, als Gruppenleiter, auch als Vorsitzender des Landesjugendkonvents der Evangelischen Jugend in Bayern. In dieser Zeit der Friedensbewegung haben wir ganz intensiv über Ethik diskutiert. Die damals vorhandene Trennung zwischen Frommen und Politischen mochte ich gar nicht. Ich vertrat die Haltung: Die Menschen sollten politisch werden aus ihrer Frömmigkeit heraus. Wir wollten das Evangelium Jesu Christi jungen Menschen in die Lebenswirklichkeit bezeugen.

Es gab damals Vertreter der Kirchenleitung, die uns zugehört haben. Ich erinnere mich an ein Treffen im Landeskirchenamt, bei dem wir nicht nur die »Bösen« waren, sondern auch dort gab es verschiedene Meinungen und der spätere Landesbischof Hermann von Loewenich hat uns verteidigt. Klar, man lästerte über die Amtskirche, war aber ein Teil davon, das passte gut zusammen. In Erlangen hatte ich während des Studiums viel Kontakt mit Theologiestudenten und jungen Pfarrern. Später war ich aktiv im »Leitenden Team« des »Arbeitskreises Evangelische Erneuerung«, in anderen Landeskirchen nennen sich diese Gruppen »offene Kirche«. In unserer Regionalgruppe haben wir das Politische Gebet als Abendgebet zu Themen der Zeit wieder aufgenommen. Das war ein spannender Versuch, in die vorhandene Gottesdienstordnung aktuelle Themen zu integrieren.

Noch heute habe ich konstante, aber lose Verbindungen zu den christlichen Pfadfindern und dem bayerischen Landesjugendkonvent, bin im Kuratorium der Evangelischen Akademie Neudietendorf, auch wenn ich in der Ortsgemeinde nicht aktiv bin.

Mir war immer, auch als Wissenschaftler, wesentlich, dass da kein Widerspruch ist zwischen Glaube und säkularem Verständnis der Welt. Glaube hilft, die Welt zu verstehen und hilft mir für mein Leben, ist aber kein Widerspruch zu meiner Arbeit. Christlicher Fundamentalismus ist mir höchst zuwider, Fundamentalisten verraten die Ideen des Christentums, bis hin zur Leugnung der Evolution. Die Bibel ist nicht überall widerspruchsfrei, aber in den Evangelien ist das Verhältnis zu materiellen Werten eindeutig beschrieben: Kapitalismus als Lebensziel für Menschen wird abgelehnt. Die Anhäufung von Reichtum als Lebensziel widerspricht fundamental allem, was uns gesagt worden ist, wie wir als Menschen leben sollen.

Gottesdienst lebt in der Spannung zwischen zum einen: Elemente wiedererkennen, aufgehoben sein, zum anderen soll er Anstöße geben ins Leben hinein. Als gut bezeichne ich einen Gottesdienst, bei dem beides funktioniert. Gleichwohl halte ich es im Alltag mit dem stillen Kämmerlein. Ich bin nicht der, der öffentlich betet oder öffentlich über seinen Glauben redet.

Er leistete wesentliche Beiträge zum weit verbreiteten MP3-Verfahren zur Audiodatenkompression: **KARLHEINZ BRANDENBURG,** geboren 1954 in Erlangen, Elektrotechniker und Mathematiker, ist für seine grundlegenden Arbeiten im Bereich der Audiocodierung, der Wahrnehmungsmessung, der Wellenfeldsynthese und der Psychoakustik bekannt. Er erhielt für seine Arbeiten zahlreiche nationale und internationale Forschungspreise, Auszeichnungen und Ehrungen (u. a. »Hall of Fame«). Seit 2000 ist er Lehrstuhlinhaber für Elektronische Medientechnik an der Technischen Universität Ilmenau. Brandenburg war maßgeblich an der Gründung des Fraunhofer-Instituts für Digitale Medientechnologie beteiligt, dessen Leiter er ist.

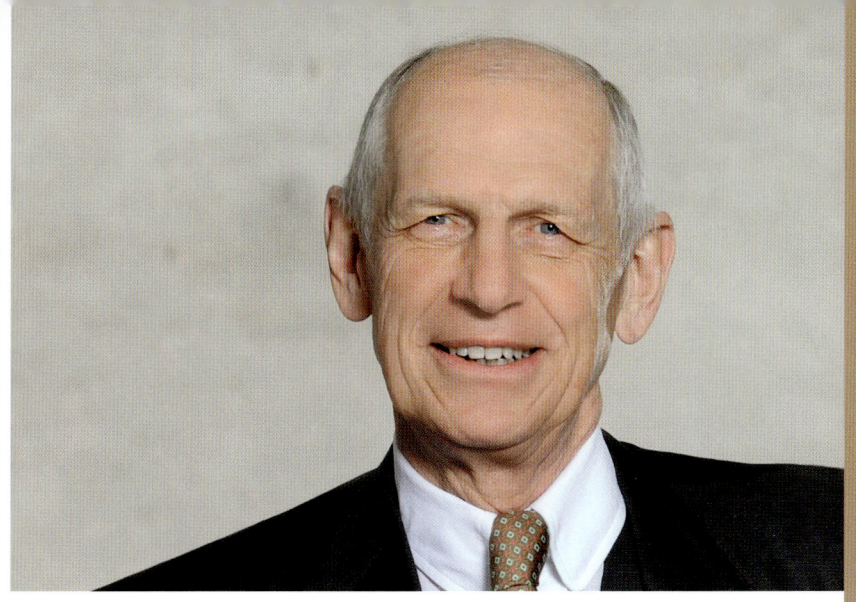

## Das Gespräch
**MIT GOTT** *hilft täglich*

LUDWIG GEORG BRAUN

*E*s stand nie infrage, unseren fünf Kindern ein geborgenes Zuhause in christlich geprägter Welt mitgeben zu wollen, wie wir selbst es auch erfahren haben. Taufe und Fürbitte für den Lebensweg sollten am Anfang des Lebensweges stehen. Selbstverständlich sind wir christlich getraut. Und am Ende möchte ich einmal zu Hause sterben und so, wie es Gott mir bestimmt.

Ich selbst bin 1943 in den Kriegsjahren getauft worden. Meine Großeltern und später der gute Religionsunterricht während der Schulzeit haben mich geprägt. Dank einer sehr aktiven Jungschargruppe und vielen Sommer- und Osterfahrten per Fahrrad durch Europa fand ich einen bis in die heutige Zeit bleibenden Freundeskreis. Mein Vorbild war mein Vater mit seinem sozialen Verständnis und seinem ehrenamtlichen Engagement, aber auch die weiteren Familienmitglieder in ihrem Zusammenhalt und der Liebe zur Natur.

Gerade als Entschleunigung unserer Aktivitäten hilft das Gebet und Gespräch mit Gott. Es hilft täglich, auch wenn es im Tagesablauf nicht immer im Mittelpunkt der Gedanken steht. Niemand ist perfekt, manches gelingt besonders gut, manches weniger, aber als störend habe ich noch keinen Gottesdienst erlebt. Wichtig ist mir, mich durch Gesang einzubringen.

In der Regel bete ich am Abend. Wenn ich den Kern des christlichen Glaubens zusammenfassen sollte, würde ich sagen: die Liebe Gottes zu jedem Menschen, unabhängig

*» Meine Kirche sollte die christlichen Religionen* **NICHT SPALTEN.** *«*

seiner Verfehlungen. Mein Glaube ist mir Leitschnur in meinem Handeln, kein »falsches Zeugnis« zu reden und das Gute auch in anderen zu suchen. Dazu gehört auch ein offenes Bekenntnis zu meinem Christsein, das mir bisher geholfen hat, alle sich stellenden Aufgaben in christlicher Ethik zu meistern.

Und ohne mich in meiner Religion anderen überlegen zu fühlen: Die praktizierte aktive Teilnahme in der evangelischen Kirche erscheint mir der Würde des Menschen näher und freundlicher. Meine Kirche sollte die christlichen Religionen nicht spalten, sondern vorsichtiger Ratgeber an Gesellschaft oder Mitbürger sein, aber ohne »sowohl/als auch«-Stellungnahmen.

. . . . . . . . . . . . . . . . . . . . . . . . . . . . . . . . . . . . . . . . . . . . . . . . . . . . . . . . . . .

Prof. Dr. h. c. **LUDWIG GEORG BRAUN,** geboren 1943, ist Aufsichtsratsvorsitzender der B. Braun Melsungen AG, einem weltweit tätigen Versorger des Gesundheitsmarktes mit Sitz im nordhessischen Melsungen. Nach einer Ausbildung zum Bankkaufmann bei der Deutschen Bank AG absolvierte er praktische betriebswirtschaftliche Studien in England und den USA, bevor er 1968 in Brasilien die Geschäftsleitung der Laboratorios Americano S. A. Niteroi R. J. übernahm. 1971 kehrte er nach Deutschland zurück und trat als Vorstandsmitglied in die B. Braun Melsungen AG ein, deren Vorsitz er von 1977 bis 2011 inne hatte. Ludwig Georg Braun ist Ehrenpräsident des Deutschen Industrie und Handelskammertages (DIHK) und Mitglied der Landessynode der Evangelischen Kirche von Kurhessen-Waldeck.

LUDWIG GEORG BRAUN

## Das Evangelium von Jesus Christus BESTIMMT mein Leben

**HEINZ-HORST DEICHMANN**

Ich bin 1937 im Alter von elf Jahren in einer freikirchlichen Gemeinde in Essen getauft worden. Grundlage war meine persönliche Glaubensentscheidung. Eine Säuglingstaufe gibt es in dieser Freikirche nicht. Meine Eltern gehörten zu einer Brüdergemeinde. Mein Vater war Schuhmacher. Er reparierte und verkaufte in seinem Laden in Essen-Borbeck nicht nur Schuhe. Er besuchte auch kranke und arme Menschen in seiner Nachbarschaft und versuchte mit seinen bescheidenen Mitteln zu helfen. Für ihn gehörten beim Glauben Wort, also das persönliche Glaubenszeugnis, und die Tat, also das diakonische Engagement, eng zusammen. Der Umgang der Nationalsozialisten mit den Juden erfüllte ihn mit Entsetzen. Spätestens seit der »Reichskristallnacht« war für ihn klar, dass dieses Regime nicht überleben würde, weil es sich an Gottes eigenem Volk vergriff. Er versuchte seinen jüdischen Nachbarn so gut es ging beizustehen. Mein Vater starb zwar schon 1940, aber sein Beispiel hat mich in meinem Glaubensleben nachhaltig geprägt – bis zum heutigen Tag.

Geprägt worden bin ich auch durch das Leben in der überschaubaren Gemeinschaft der Brüdergemeinde in Essen. Die Stubenversammlungen im Wohnzimmer meiner Eltern waren dem Regime ein Dorn im Auge. Die Nationalsozialisten zwangen die Brüdergemeinden zur Fusion mit den Baptisten, weil ihnen kleine, schwer zu kontrollierende Einheiten suspekt waren. So habe ich früh gelernt, dass das Leben als Christ nicht ohne Risiko ist und die Notwendigkeit mit sich bringt, Stellung zu beziehen.

Nach dem Krieg hörte ich neben meinem Medizinstudium in Bonn Vorlesungen von Karl Barth. Seine Bände der Kirchlichen Dogmatik habe ich tatsächlich alle gelesen – nicht nur einmal. Diese Theologie hat mein weiteres Denken und Handeln geprägt.

Die gute Nachricht des Christentums kann man wohl am besten zusammenfassen mit Johannes 3,16: »Denn also hat Gott die Welt geliebt, dass er seinen eingeborenen Sohn gab, damit alle, die an ihn glauben, nicht verloren werden, sondern das ewige Leben haben.«

Ich bin christlich getraut und war mit meiner Frau 56 Jahre verheiratet – bis zu ihrem Tod 2007. Es war für uns aber nicht selbstverständlich, unsere Kinder taufen zu lassen; sie sollten die Möglichkeit haben, sich selbst zu entscheiden.

Ich fühle mich evangelisch, wenn damit gemeint ist, dass das Evangelium von Jesus Christus mein Leben bestimmt. Als Christ fühle ich mich dem gegenüber verantwortlich, der mich berufen hat – Jesus Christus. Ich will sein Zeuge sein –

in Wort und Tat. Ich bete regelmäßig morgens und abends, aber auch mehrfach am Tag. In der Glaubensgewissheit des ewigen Lebens, das uns durch Jesus Christus verheißen ist, möchte ich auch sterben.

Die Kirche soll Gemeinde Jesu Christi sein. Hier wird Gott gelobt und hier werden Menschen in die Nachfolge gerufen. Sie sollte kein Ort menschlicher Hierarchien sein. Im Gottesdienst sind mir das Gotteslob wichtig und die Predigt des Evangeliums. Was mich stört, sind manche Formen moderner Musik. Eine Distanzierung von meiner Religion kann ich mir nicht vorstellen.

Dr. **HEINZ-HORST DEICHMANN** wurde 1926 als Sohn eines Schuhmachers in Essen geboren. In den letzten Wochen des Zweiten Weltkrieges wurde er noch zum Militärdienst eingezogen und an der Oder verwundet. 1951 promovierte er als Arzt und baute parallel zusammen mit seiner Mutter das elterliche Schuhgeschäft aus. 1956 hängte er den Arztkittel an den Nagel und baute Europas größte Schuheinzelhandelskette auf. Gleichzeitig rief er zahlreiche soziale Projekte ins Leben – u. a. das christliche Hilfswerk wortundtat, das heute rund 200.000 Menschen auf drei Kontinenten im Bereich der medizinischen Versorgung und der Bildung hilft (*www.wortundtat.de*). Für sein »theologisch begründetes Lebenswerk« erhielt er 2014 den Karl-Barth-Preis.

## *Jenseits unseres Verstehens steht* DER GLAUBE

STEFAN DIETZFELBINGER

**V**ierzehn Tage nach meiner Geburt in Rom wurde ich dort am 12. Januar 1964 in der evangelisch-lutherischen Christuskirche getauft. Die schwarz-weißen, kleinformatigen Fotos mit gezacktem Rand zeigen eine kleine Taufgemeinschaft: meine Eltern, beide Ende zwanzig, mit meiner einjährigen Schwester Monika auf dem Arm und mit einem meiner beiden Paten, Helmut. Der andere Patenonkel Jürgen lebte ebenso wie die Großmutter in der DDR, und sie durften nicht ausreisen. In Rom geboren zu sein, das ist schon eine Besonderheit. Und die ewige Stadt fasziniert unsere ganze Familie bis heute.

Da ich in einem Pfarrhaus aufgewachsen bin, gehören Gott, die Kirche und Gemeinde von Anfang an zu meinem Leben. Ich erinnere mich daran, dass mich als dreijähriger Bub der kräftige Gesang der Gemeinde im Gottesdienst einmal zu Tränen erschreckte. Die Geschichte vom barmherzigen Samariter, uns Kindern von meiner Großmutter bildreich erzählt, ist mir besonders einprägsam gewesen. Der liebende und der strafende Gott war mir als Kind eine starke moralische Instanz, an die ich mich auch wenden konnte. Als Pfarrerskind steht man ja immer etwas in der Öffentlichkeit und unter der (heimlichen) Beobachtung der Gemeinde. Die Lehrer in der Schule meinten offensichtlich auch, dass von Pfarrerskindern Besonderes zu erwarten sei: Das führte auch bei ihnen zu Enttäuschungen. So lagen alle meine Geschwister und ich häufig vor allem mit den Religionslehrern über Kreuz, mittelmäßige bis miserable Zensuren waren die Folge. Die Konfirmation und die folgende Jugendarbeit in der Gemeinde habe ich vor allem als schöne Gemeinschaft mit Gleichaltrigen erlebt, das Religiöse stand da nicht im Mittelpunkt. Großes Unbehagen habe ich als 15-Jähriger bei einer CVJM-Jugendfreizeit empfunden: Die Andachten mehrmals pro Tag und das Frömmeln des Gruppenleiters stießen mich ab und entfremdeten mich der Kirche zusehends.

Als ich als junger Mann bei der Industrie- und Handelskammer in Karlsruhe als wissenschaftlicher Mitarbeiter meinen Berufsweg begann, wunderte ich mich sehr, wie vertraut mir diese Arbeit erschien. Bald erkannte ich, dass die Art und Struktur meiner Tätigkeit mit Reden schreiben und halten, mit Gremienbetreuung und Unterstützung leisten, dem Beruf meiner Eltern sehr ähnlich ist – so verrückt ist das manchmal mit den Vorbildern.

Ich fühle mich evangelisch, aber darin auch ein bisschen barock. Das kommt daher, dass ich in der bayerischen Landeskirche mit ihrem besonderen Selbstverständnis sozialisiert wurde. Meine Frau Mareike und ich haben vor 18 Jahren in einer kleinen Dorfkirche in Franken geheiratet. Mein Vater hat uns getraut, unser Trauspruch lautet: »Gott ist die Liebe; und wer in der Liebe bleibt, der bleibt in Gott und Gott in ihm.« Wir haben mit der Familie und vielen Freunden eine sehr, sehr schöne Landhochzeit gefeiert.

Unsere beiden Kinder sind getauft und haben sich auch konfirmieren lassen, auch wenn es bei ihnen vor der Konfirmation Zweifel gab. Ich halte es für wichtig, dass Kinder Glauben erleben, auch um einen Zugang zu Religion und Spiritualität zu bekommen. Hierzu brauchen wir einen Rahmen, den die Kirche bieten kann. Ich bin gespannt, ob und wie unsere Kinder später ihren Glauben leben.

Was für mich die gute Nachricht des Christentums ist? Du bist einzigartig und du bist in deiner Einzigartigkeit wertvoll und geliebt. Christsein im Alltag ist eine tägliche Aufgabe und manchmal eine Herausforderung: Menschen freundlich und fair zu begegnen, optimistisch zu bleiben und Standfestigkeit zu zeigen, wenn es nötig ist, und in einem Grundvertrauen zu leben. Als Physiker ist mir bewusst, dass unser menschliches Wissen und unsere Erkenntnisfähigkeit sehr begrenzt sind. Und jenseits unseres Verstehens und neben unserem Wissen steht der Glaube, stehen Hoffnung und Zuversicht. Wir Menschen können ohne sie nicht leben, meine ich, wir brauchen sie – auch wenn wir es nicht immer wissen oder es zugeben wollen.

Riten halte ich für wichtig, doch wenn sie das spirituelle Erleben, das Miteinander und die Begegnung überdecken, dann wird mir Religion fade und leer. Wie vermutlich den meisten anderen Menschen wird auch mir besonders in schweren Phasen oder Zeiten der Not mein Glaube bewusst und der Kontakt zu Gott wichtig. Unregelmäßig, abends zumeist, bitte oder danke, bete ich.

Die Kirche sollte eine weltoffene, den Menschen zugewandte, fröhliche Gemeinschaft sein, kein closed shop, in dem sich weltfremde Menschen selbst zu verwirklichen versuchen. Sehr gerne schmettere ich im Gottesdienst Kirchenlieder, ich freue mich über eine bewegende Predigt und fühle mich durch den Segen berührt und gestärkt. Es nervt mich, wenn sich Gottesdienstteilnehmer in der an Weihnachten überfüllten Kirche um Sitzplätze balgen.

Wie ich sterben will? Die Erkenntnis, dass die eigene individuelle Existenz einmal endet, ist schon unglaublich und ungeheuer kränkend. Deshalb wäre es schön, eines Tages ohne Angst, dankbar für das Erlebte und bewusst Abschied nehmen zu können.

· · · · · · · · · · · · · · · · · · · · · · · · · · · · · · · · · · · · · · · · · · · · · · · · · · · · · · · · · · · · · ·

STEFAN DIETZFELBINGER, 1963 in Rom geboren, stammt aus einer evangelischen Theologenfamilie und ist zusammen mit vier Geschwistern in Nürnberg im Pfarrhaus aufgewachsen. Nach seinem Zivildienst in Köln und Physikstudium in Freiburg, England und Köln war er bei verschiedenen Industrie- und Handelskammern (IHK) tätig. Nach beruflichen Stationen in Karlsruhe und Krefeld ist der promovierte Naturwissenschaftler seit 2005 Hauptgeschäftsführer der Niederrheinischen IHK in Duisburg. Er lebt mit seiner Frau und den gemeinsamen zwei Kindern am Niederrhein.

## *Die Großmütter*
## PRÄGTEN

BIRGIT DIEZEL

Zu Pfingsten 1958 wurde ich in der Kirche meiner Heimatgemeinde getauft. Zu DDR-Zeiten war Religion etwas sehr Privates, daher erlebte ich den evangelischen Glauben hauptsächlich in meiner Familie und in der Kirchengemeinde. Darüber hinaus ging ich regelmäßig in die Christenlehre und in den Konfirmandenunterricht, wo wir uns rege über unseren Glauben ausgetauscht haben. Im Kindergarten oder in der Schule spielte Religion hingegen keine Rolle – eher im Gegenteil. Es waren also meine Eltern, Großeltern

31

und Urgroßeltern, aber auch die Katechetin und der Gemeindepfarrer, die mich religiös geprägt haben. Im Besonderen meine beiden Großmütter: Als Frauen der Kriegsgeneration haben beide Kraft aus ihrem Glauben gezogen und so ihr Leben gemeistert. Obwohl Ehemann und Vater im Krieg ums Leben gekommen waren, hat meine Großmutter mütterlicherseits nie ihre Tatkraft, Zuversicht und ihren Glauben verloren. Sie hat mir viele Lebensweisheiten mit auf den Weg gegeben. Meine Großmutter väterlicherseits, gezeichnet von langer, schwerer Krankheit – sie saß 25 Jahre im Rollstuhl, geprägt von Flucht und Vertreibung –, hat mit ihrer warmherzigen Ausstrahlung uns allen Lebensmut und Zuversicht gespendet. Ihr Glaube verlieh ihr die Kraft zum Leben.

Aus der Tradition meiner Region der reußischen Volkskirche stammend, fühle ich mich evangelisch-lutherisch. Christentum heißt für mich zuallererst: das Evangelium – die frohe Botschaft des Neuen Testaments. Der Glaube ist mein täglicher Begleiter: In freudigen wie auch in traurigen oder nachdenklichen Momenten leitet er mich durch den Alltag. Mit meinem Gott, der Welt und mir im Reinen möchte ich einst im hohen Alter friedlich sterben.

Ich bemühe mich jeden Tag auf ein Neues, mein Handeln und den Umgang mit meinen Mitmenschen an den Zehn Geboten auszurichten. Mein Glaube hilft mir bei der täglichen Entscheidungsfindung und bei der Reflexion meines Handelns. Ich bete meistens früh nach dem Aufstehen und natürlich in der Kirche oder in der Natur, wenn ich alleine bin. So, wie es mir selbstverständlich war, kirchlich getraut zu werden, sind auch alle meine drei Kinder getauft. Zwei sind bereits konfirmiert. Die Jüngste bereitet sich im Konfirmanden-unterricht auf die Konfirmation im nächsten Frühjahr vor.

Momentan kann ich mir nicht vorstellen, dass ich mich von meiner Religion, von meinem Glauben distanziere. Ich hoffe, dass das nie passiert! Das Gleiche gilt für die Kirche; sie ist der Ort der Verkündigung des Evangeliums. Im Interesse der Gläubigen sollte die Kirche sich um gesellschaftliche Belange kümmern, ohne jedoch dem in ständigem Wandel befindlichen Zeitgeist zu sehr zu verfallen. Im Gottesdienst ist mir eine gute Predigt mit klaren Aussagen wichtig. Was ich nicht so sehr mag, ist zu viel Modernität in der Liturgie.

**BIRGIT DIEZEL** wuchs als ältestes von drei Geschwistern auf einem Bauernhof in Neugernsdorf bei Greiz auf. Nach Ausbildung zur Wirtschaftskauffrau und Studium der Volkswirtschaft an der Martin-Luther-Universität Halle wurde sie Leiterin der Außenstelle Gera des Thüringer Landesamtes zur Regelung offener Vermögensfragen. Als Mitglied des Thüringer Landtags war sie erst Staatssekretärin im Thüringer Finanzministerium, später Finanzministerin und stellvertretende Ministerpräsidentin des Freistaats Thüringen. Seit 2009 ist sie Präsidentin des Thüringer Landtags. Darüber hinaus engagiert sich Birgit Diezel im Kuratorium Kirchbauverein Gera e.V., im Verwaltungsrat des MDR und als Landesvorsitzende der Lebenshilfe Thüringen.

# Im Gottesdienst bleibt das SMARTPHONE aus

SEBASTIAN EBEL

*E*s gibt Fragen, auf die ich keine Antworten habe. Vor zwei Jahren hatte mein Sohn einen lebensgefährlichen Unfall, er überlebte. Am selben Tag wurde ein Mitschüler von einem Betrunkenen überfahren und war sofort tot. Warum steht Gott dem einen bei und dem anderen nicht? Wenn ich anfange, darüber nachzudenken, kann ich verzweifeln. Ich weiß nicht, warum Gott manche Ereignisse zulässt. Ich gehe aber davon aus, dass er seine Gründe dafür hat, und versuche es hinzunehmen.

Ich selbst habe das Gefühl, viel von Gott in meinem Leben geschenkt bekommen zu haben. Ich hatte so viel Glück bisher, vieles, was ich angepackt habe, fiel mir leicht. Das, was ich erreicht habe, verdanke ich nicht meiner eigenen Leistung, sondern seiner Gnade. Vor Gott fühle ich mich daher verantwortlich, mit dem Glück, dieser Gnade etwas Positives anzufangen.

Je älter ich werde, desto häufiger denke ich über mein eigenes Sterben nach. Am liebsten wäre es mir, wenn ich einfach tot umfallen würde. Ich möchte nicht lange krank sein und

> *» Mal ist mir Gott näher, mal ferner, aber ich habe mich* **NIE VERLASSEN** *von ihm gefühlt. «*

Schmerzen haben. Wenn ich leiden müsste, dann wäre ich versucht, das Ende durch Sterbehilfe schneller herbeizuführen. Gibt es ein Leben nach dem Tod? An dieser Frage hängt für mich nicht die Existenz Gottes. Ich glaube und hoffe, dass es weitergeht, aber ich würde hoffentlich auch nicht anders leben, wenn es nicht so wäre.

Mein Großvater war Pfarrer in Ostpreußen und einer der Mitbegründer der Bekennenden Kirche nach der Machtübernahme der Nationalsozialisten. Er wurde 1945 von Angehörigen der Roten Armee ermordet, sodass ich ihn leider nicht kennenlernen konnte. Aber die Geschichten über ihn waren in unserer Familie stets präsent. Mein Vater hat seine

SEBASTIAN EBEL

Haltung übernommen und an mich weitergegeben: Ich muss Verantwortung für meine Taten übernehmen und mutig für meine Überzeugungen einstehen. Diese Einstellung gehört für mich zum Wesen des Protestantismus. Es ist für mich gut, dass wir keinen Papst haben oder uns jemand, der in der kirchlichen Hierarchie weit oben steht, sagt, was wir zu tun haben. Wir sind unserem eigenen Gewissen verantwortlich. Die Zehn Gebote eignen sich dabei bestens als Richtschnur.

Auch wenn sie keinem ihre Meinung vorschreibt, kann die evangelische Kirche sich als Institution intensiv einmischen und bei gesellschaftlichen Themen klar Position beziehen. Nur sollte sie bitte keine pauschalen Urteile abgeben wie »Atomkraft ist schlecht« oder »Wir wollen keine Auslandseinsätze der Bundeswehr«. Sie darf es sich und anderen nicht zu einfach machen, sondern sollte mit Sachkenntnis und differenziert argumentieren. Dabei kann sie dann auch gern Streit provozieren. Ich halte nichts davon, wenn Kirche zu kuschelig wird, sie kann ruhig mal Kante zeigen.

Ein wenig desillusioniert bin ich manchmal, was die Qualität ihres Personals angeht. Es gibt viele sehr gute Pfarrerinnen und Pfarrer, aber auch einige, deren Engagement mir zu gering ist. Der Beruf muss Berufung sein. Ich glaube, dass wir in der Kirche einen faireren Ausgleich zwischen den Generationen brauchen. Wir dürfen auch nicht akzeptieren, dass die Mitgliederzahl jedes Jahr sinkt. Es gibt genügend Beispiele, wo Gemeinden zeigen, dass Wachstum möglich ist. Daran müssen wir uns orientieren.

Mal ist mir Gott näher, mal ferner, aber ich habe mich nie von ihm verlassen gefühlt. In den christlichen Glauben evangelischer Prägung wurde ich hineingeboren und habe nie an ihm gezweifelt. In besonders glücklichen Momenten, etwa wenn ich einen Sonnenuntergang am Meer sehe oder mit meinen Kindern zusammen bin, danke ich Gott. Vor dem Essen wird bei uns zu Hause gebetet. In der Kantine mache ich es nicht, weil ich denke, es könnte andere befremden. Obwohl es wohl mutiger wäre, es zu tun. Und fast jeden Sonntag gehe ich in den Gottesdienst. Ich mag die vertraute Liturgie, die Lieder. Ich kann einfach dasitzen und entspannen. Es ist eigentlich die einzige Zeit in der Woche, in der mein Smartphone ausgestellt ist. Endlich bin ich mal nicht mit Arbeit beschäftigt, sondern spüre Gottes Nähe.

......................................................

**SEBASTIAN EBEL,** geboren März 1961 in Braunschweig als jüngstes von vier Kindern, studierte BWL. Heute ist er Chief Operating Officer beim Reiseunternehmer TUI und im Nebenamt Präsident des Fußballvereins Eintracht Braunschweig. Seit 2013 ist er Mitglied der Synode der Evangelischen-lutherischen Landeskirche in Braunschweig. Er lebt immer noch in seiner Geburtsstadt. Sebastian Ebel ist verheiratet und Vater von fünf Kindern.

## EVANGELISCH:
## *gesprächsoffen,*
## *änderungsbereit*

**DIETER FALK**

*I*ch bin ein Kind guter kirchlicher Jugendarbeit. Wenn ich zurückdenke, so muss ich sagen, dass ich das Riesenglück hatte, einen Großteil meiner – nicht nur musikalischen – Sozialisation der Teenagerzeit in der evangelisch-reformierten Kirche (Vater) und Freikirche (Mutter) meiner Eltern ausleben zu können. Der gemischte Chor, in dem ich vor und nach dem Stimmbruch abwechselnd alle vier Stimmen gesungen habe, der Gospelchor, den ich zusammen mit meinem Bruder leitete, die Jugendgruppe, mit der wir zwischen Sport, Musik und Freizeit auch unseren manchmal wackelnden oder revoltierenden Glauben besprechen konnten... Evangelische Kirche und deren Jugendarbeit waren Anlaufstation und Auffangbecken für vieles. Manchmal frage ich mich, wo ist das heute geblieben.

Als ich im Alter von 17 Jahren anfing, etwas intensiver über das Wort »evangelisch« nachzudenken, war ich gerade jedes zweite Wochenende als Pianist der katholischen Sängerin Inge Brück zu Konzerten in zumeist katholischen Kirchen unterwegs. Ich fing also an zu vergleichen: Was ist hier und da besser, oder einfach total anders?

Sosehr ich mich mit der etwas lockereren Art vieler Katholiken angefreundet habe, so sehr fühle ich mich dem »Evangelischen«, vor allem im Synonym »protestantisch« zugehörig, im Sinne von »kritik-freundlich«, »gesprächs-offen« und »änderungs-bereit«. Kirche ständig erneuern heißt reformatorisch denken, und das sage ich als Musiker ganz deutlich auch hinsichtlich der Kirchenmusik.

Da ich derzeit zusammen mit dem Librettist Michael Kunze ein Pop-Oratorium über Martin Luther schreibe und mich diese Person sehr interessiert, möchte ich einige Adjektive aufzählen, die Luther hoffentlich auch interessant finden würde, weil sie im evangelischen Alltag oft fehlen: spannend, überraschend, musikalisch-ansteckend, in einer guten Mischung fröhlich und ernsthaft.

Ich bete oft und gerne, auch außerhalb der Essenszeiten in der Erkenntnis, dass Gebet ein ständiger Draht nach oben ist: manchmal kindlich-naiv mit einer schnellen Bitte (»Gott, gib, dass der nicht direkt korrigierbare Mist, den ich gerade gebaut habe, keine Folgen hat. Und vergib mir«), mitunter als schnelles Dankgebet, wenn ich knapp an einem Unfall vorbeigerauscht bin. Zudem bete ich oft auch als eine Art Schrei nach oben, wenn die Bilder alltäglicher Gewalt mich erdrücken.

**DIETER FALK,** geboren 1959, verheiratet, zwei Kinder. Der Düsseldorfer Musikprofessor ist einer der erfolgreichsten deutschen Musikproduzenten (u. a. für PUR, Monrose, Patricia Kaas, Paul Young). Auch zusammen mit seinen Söhnen veröffentlichte er als Pianist mehrere teils preisgekrönte Pop-Jazz-CDs über Paul Gerhardt und Johann Sebastian Bach. Zuletzt komponierte er das Pop-Oratorium »Die 10 Gebote«. Derzeit schreibt er, wieder zusammen mit Librettist Michael Kunze, das Nachfolge-Werk über Luther.

# EVANGELISCH
## *im Laienspielkreis*

................................................................

JÜRGEN FLIMM

I n Köln 1941 getauft, haben mich meine Mutter und die Gemeindeschwester Ella Luhrmann religiös sensibilisiert, danach erlebte ich die evangelische Kirche im CVJM, in Jungscharlagern und auf Festen. Und: im Laienspielkreis.

Dietrich Bonhoeffer und die Bergpredigt verbinde ich mit dem, was mich bis heute sagen lässt: Ich bin evangelisch. Im Alltag heißt das Toleranz, Geduld, Nachsicht.

41

Bedeutsam wird der Glaube aber vor allem in Nöten und in Freundschaft.

Schlechte Predigten, inspirationslose Pastoren, Frömmelei und liturgisches Geleier entfernen mich von meiner Religion. Dagegen sollte die Kirche ein weiter Ort der Seelsorge und so der Nächstenliebe sein und im Gottesdienst wert auf Exegese und das Singen legen.

Wie ich sterben will? Gesund, im Einklang mit meinem Leben.

· · · · · · · · · · · · · · · · · · · · · · · · · · · · · · · · · · · · · · · · · · · · · · · · · · · · · · · · · · · · · · · ·

Will die kirchliche Trauung noch nachholen: **JÜRGEN FLIMM,** geboren 1941 in Gießen, ist seit September 2010 Intendant der Staatsoper Unter den Linden im Schiller Theater. Nach einem Studium der Theaterwissenschaften, Literaturwissenschaften und Soziologie an der Universität Köln und Tätigkeit als Hochschullehrer an der Harvard University, der New York University und der Universität Hamburg, war er Intendant des Thalia Theaters (1985–2001), der RuhrTriennale (2005–2008) und der Salzburger Festspiele (2006–2010). Flimm inszenierte an allen großen Theater- und Opernhäusern der Welt, u.a. an der Metropolitan Opera New York, der Mailänder Scala, dem Royal Opera House London, an der Staatsoper Unter den Linden Berlin, in Wien, Amsterdam, Hamburg, München, Zürich und in Bayreuth und Salzburg.

Die **WEITE** *von*
*Gottes Reich*

GUNDULA GAUSE

M ein Gott ist der Gott der Nächstenliebe. Wende ich mich an ihn, weiß ich, dass ich mich an einen verzeihenden Gott wende, und das tröstet. Ich bete zwar nicht jeden Tag, aber schon regelmäßig und immer wieder. Das kann auch eine Form der Meditation sein, in der man im Geist über Grenzen geht, zum Beispiel intensiv an liebe Verstorbene denkt und sie geborgen weiß – in der Weite von

43

Gottes Reich. Mit der Familie Gottesdienste zu besuchen, gibt mir Ruhe und Frieden. In der Liturgie, in den Bibeltexten, in den Liedern und den Predigten ist für jeden Sinnsuchenden so viel drin! In dem gemeinsamen Vaterunser kann man Zuversicht in Zeilen wie »Dein Wille geschehe« und im anschließenden »Friede sei mit dir« finden – oder auch Trost in dem Kirchenlied: »Du kannst nicht tiefer fallen als in Gottes Hand«. Als Protestantin engagiere ich mich als Schirmherrin des Afrikatags für das katholische Hilfswerk missio. Das ist für mich gelebte Ökumene – wobei ich mir für dieses Thema einen »neuen Martin Luther« wünsche, der angesichts der äußeren und inneren Bedrohungen des Christentums mit globaler Kraft in der Lage ist, das Gemeinsame zu betonen, damit es jenseits aller Differenzierungen in Glaube, Liturgie und Kirchenstrukturen tatsächlich zu einer heiligen, christlichen Kirche kommen könnte, wie es im Glaubensbekenntnis der Protestanten heißt. Das Leben hat einen Sinn – nicht umsonst hat Gott sich uns Menschen als letztes Glied seiner Schöpfungskette ausgedacht. Mein Lebenssinn definiert sich über die Familie und den Beruf sowie mein ehrenamtliches Engagement. Beständigkeit ist für mich eine Haltung, die mir hilft, nicht sprunghaft neuen Projektideen oder anderen Lebensideen nachzusinnen, sondern meine Aufgaben zu bewältigen und bei mir zu bleiben.

GUNDULA GAUSE, 1965 in Berlin geboren, zählt seit 20 Jahren zu den bekanntesten Gesichtern des deutschen Fernsehens. Seit 1993 ist sie Co-Moderatorin des ZDF-»heute-journals«. Sie lebt mit ihrer Familie in Mainz.

## *Mit Gott kannst du nicht* HANDELN

USCHI GLAS

Gott ist ungreifbar, nicht darstellbar. Die Natur und deren Energie – das ist für mich Gott. Schon der Blick aus dem Fenster ins Grüne, das hat für mich etwas Göttliches. Wie sollte es also sein, wenn es keine Kraft, keine Energie gibt? Diese Vielfalt, diese große Fantasie, diese Schönheit, das bunte Gefieder der Vögel – woher stammt das, weshalb ist es so schön? Es könnte ja auch alles einfacher gestaltet sein.

In schwierigen Situationen gehe ich mit Gott in einen stillen Dialog: Was mache ich nun? Letztlich ist das eine

Auseinandersetzung mit dem tiefsten Ich. Aber ich biete ihm nichts an, das fände ich unmöglich, denn mit Gott kannst du nicht handeln. Du musst mit dir ins Gebet gehen, den Dialog mit Gott führen, aber du darfst keinen Handel machen. Du bist immer auch selbst verantwortlich.

Ich bin in den 50er Jahren in Niederbayern aufgewachsen, da warst du als Evangelische abgestempelt. Damals habe ich mich oft gefragt: Wieso lachen die mich aus? Wir haben uns angeschrien und gerauft. Wie Kinder häufig miteinander umgehen, Diskussionen waren weniger möglich. Ich habe mich zwar wahnsinnig geärgert, aber im Endeffekt habe ich mir das nicht gefallen lassen.

. . . . . . . . . . . . . . . . . . . . . . . . . . . . . . . . . . . . . . . . . . . . . . . . . . . . . . . . . . . .

Die vielfach ausgezeichnete Schauspielerin, Sängerin und Autorin **USCHI GLAS,** geboren 1944, wurde früh u. a. durch »Winnetou und das Halbblut Apanatschi«, »Zur Sache, Schätzchen« und als Schwester des Paukerschrecks Pepe Nietnagel bekannt. Im Kinoerfolg »Fack ju Göthe« 2013 ironisiert sie ihre früheren Schulfilme in der Rolle als Lehrerin mit Burnout. Als Schirmherrin der Deutschen Stiftung Patientenschutz setzt sich Glas für Schwerstkranke, Pflegebedürftige und Sterbende ein, seit vielen Jahren engagiert sie sich im Kampf gegen Blutkrebs, unterstützt die Deutsche Knochenmarkspenderdatei und ist zusammen mit ihrem Ehemann Dieter Hermann im Vorstand des Vereins brotZeit e. V., der Schulfrühstücke für Grundschulkinder sponsert.

·····························

**N**ein, nicht die Freiheit, 200 km/h zu fahren auf der Autobahn und auch nicht die Freiheit, auf Kosten Anderer zu leben. Es ist die Freiheit, zu wissen, dass niemand und nichts auf dieser Welt uns zu sagen hat, wie wir zu leben, zu lieben, zu glauben hätten. Es ist die Freiheit der Christenmenschin, die eben Herrin über alle Dinge ist, wie sie auch Dienerin in allem ist. So ähnlich hat es Luther formuliert. Und so hat es mein Leben von der Taufe an begleitet. Phil 4,4 »Freuet euch in dem Herrn allewege und abermals sage ich euch: Freuet euch! Eure Milde lasset kund sein allen Menschen und sorget nichts! Der Herr ist nahe!«, so hat es mir der Pfarrer in der Sakristei des Augustinerklosters in Gotha zugesprochen. In einem Land, das die Religion ausmerzen wollte und dennoch die Kirchen duldete, in einem Land, in dem die Treue zum Regime über allem stand. Wie gut war es da zu wissen: Ich bin frei. Denn da ist einer, der hat die wahre Macht, nicht der Staat, nicht der Lehrer, nicht die Stasi.

Da ist einer, der hat sie wirklich und mit ihm lassen sich Berge versetzen. Und so gibt es kaum etwas Schöneres, Beglückenderes, als zu wissen und zu erleben: Es geht wirklich, die Mauern lassen sich einreißen. Das System ist zu stürzen und die scheinbar Mächtigen sind es nicht, ohne Diktatur. Wie gut ist es, in den Zeiten der Angst und Unsicherheit zu wissen: Da ist Freiheit und: Der Herr ist nahe. Und es war gut zu wissen und zu spüren: Das gab es schon einmal. Wir feiern 2017 500 Jahre Reformation: Eine Freiheitsgeschichte, die vor 2000 Jahren begann und längst nicht zu Ende ist.

So ist es geblieben: Frei sein, zu wissen, dass nicht der nächste Termin oder der nächste Karriereschritt oder die nächste Optimierung das Wichtigste sind. Das Wichtigste sind: Gott ist nahe. Das Wichtigste ist: Gott ist Trost. Und das ist wunderbar. Ich bin evangelisch und so bin ich frei.

**KATRIN GÖRING-ECKARDT,** geboren 1966, war von 2005 bis 2013 für die Fraktion von Bündnis 90/Die Grünen Vizepräsidentin des Deutschen Bundestages. Seit Oktober 2013 ist sie neben Anton Hofreiter Vorsitzende der Bundestagsfraktion ihrer Partei, ein Amt, das sie bereits von 2002 bis 2005 bekleidet hatte. Von 2009 bis September 2013 war Göring-Eckardt Präses der Synode der Evangelischen Kirche in Deutschland (EKD) und somit Mitglied im Rat der EKD.

# HOHER
# ANSPRUCH
## *an Predigten*

**KERSTIN GRIESE**

*N*ach meiner Geburt am Nikolaustag 1966 bin ich am zweiten Weihnachtstag in der St. Johannes-Kapelle in Münster getauft worden. Es war ein eisiger Winter und meine Eltern erzählen mir bis heute, dass sie ihren alten R4 mit Tesamoll abgeklebt haben, damit ich mich als Baby nicht erkälte.

Religiös sensibilisiert hat mich sicherlich zuerst mein Vater, ein sehr engagierter evangelischer Pfarrer, der aber immer den genügenden Freiraum gelassen hat, dass ich mich selbstständig für ein aktives Mitwirken in der evangelischen Kirche entscheiden konnte. Geprägt hat mich die sehr aktive und mündige Gemeindearbeit in Düsseldorf-Urdenbach in den 80er Jahren, das war in der Zeit der Friedensbewegung. Ich war im Kindergottesdiensthelferkreis und auf den Friedensdemonstrationen. Das war eine erste Verbindung von Glauben und gesellschaftlichem Engagement. Und die Jugendarbeit! Wir hatten in Düsseldorf auf Stadtebene eine

49

tolle Jugendleiterin. Durch den Austausch mit den Partnergemeinden in Polen und in der DDR habe ich einen weiteren Blick auf deutsche und europäische Geschichte und Gegenwart bekommen.

Mich haben vor allem die Menschen beeindruckt, mit denen ich Kindergottesdienst geplant, Beatmessen vorbereitet, Gemeindemittagessen gekocht und über Nicaragua diskutiert habe. Ein weiteres prägendes Element waren die evangelischen Kirchentage, zum ersten Mal war ich in Nürnberg 1979 mit meinem Vater dabei.

Während des Studiums gab es eine Phase der Distanz zur evangelischen Kirche, eher unbewusst, anderes wurde wichtiger und prägte meinen Alltag. Aber gerade durch das politische Engagement wurde mir wieder klar, wie sehr das auf meinen Prägungen und Grundlagen aus der christlichen Jugendarbeit beruht. Eigentlich war die evangelische Jugendarbeit für mich das Wichtigste, um ein im Glauben verwurzelter und engagierter Mensch zu werden.

Vorbilder? Das ist ein großes Wort. Aber ohne die tolle Jugendleiterin in Düsseldorf, eine starke Frau, wäre ich sicherlich nicht so geworden, wie ich bin. In der Politik war es für mich immer Johannes Rau, der mich sehr beeindruckt hat. Sein Satz: »Sagen, was man tut, und tun, was man sagt« ist so etwas wie eine Devise für mein politisches Handeln. Und sein Bekenntnis, vom rheinischen Protestantismus geprägt, für Freiheit, Gerechtigkeit und Solidarität einzustehen, damit konnte ich mich immer identifizieren.

Die Freiheit des Christenmenschen ist für mich die gute
Nachricht des Evangeliums. Durch die Verwurzelung im

Glauben gelingt es, die Freiheit im Alltag genießen zu können. Mancher, auch politischer, Druck relativiert sich dadurch. Gott gibt nicht auf, sich immer wieder um die Menschen zu bemühen. Diese Zuversicht trägt. Die gute Nachricht ist für mich auch das Engagement für Frieden, Gerechtigkeit und Bewahrung der Schöpfung.

Mein politisches Engagement wurzelt in meinem Christsein. Dabei ist der Glaube wie ein Kompass, den man selbst orten muss, nicht wie ein Navi aus dem Auto, das einem genau ansagt, wo es lang geht. In der Bibel steht nicht, wie ich im Bundestag abstimmen soll. Aber die Bibel zu lesen, kann helfen, sich zu orientieren und danach zu handeln.

Ich bete nicht zu festen Zeiten. Aber ich lese jeden Morgen die Losung der Herrnhuter Brüdergemeine auf dem Smartphone, oft vor dem Aufstehen, manchmal auch schon nach Mitternacht. Das ist ein guter Einstieg in den Tag und ich mache mir meine Gedanken dazu. Manchmal ist das ein Gebet und manchmal eine gute Idee. Oder beides zusammen? Und im Gottesdienst bete ich, überhaupt finde ich Glauben in Gemeinschaft wichtig.

Die Kirche sollte ein offenes Haus sein, eines für die Mühseligen und Beladenen, in das diejenigen, die gut drauf sind, eingeladen sind, denjenigen, die grad nicht auf der Sonnenseite des Lebens sind, zu helfen. Kirche soll ein Haus sein, in dem sich alle wohlfühlen können. Ein solidarisches Miteinander. Eine feste Burg in den Krisen und Kriegen dieser Welt. Eine klare Stimme und Anwalt für die Flüchtlinge, Armen und Schwachen. Ein Ort, an dem die wichtigen Diskussionen unserer Zeit ernsthafter und gemeinschaftlicher geführt werden als in der Tagespresse. Und erkennbar sollte sie sein.

Was ich nicht mit der Kirche verbinden möchte, sind verschlossene Türen, Langeweile und Belanglosigkeit. Lieber mal eine Position, über die sich zu diskutieren lohnt, als Leere. Ich werde sehr ärgerlich, wenn sich Menschen ausgeladen fühlen, deren Lebenslage oder Orientierung nicht einer dogmatisch festgesetzten Norm entspricht.

Nahezu das Wichtigste im Gottesdienst ist für mich eine gute Predigt. Ich werde sogar richtig ungeduldig, wenn die fehlt. Ich bin sehr gute Predigten von meinem Vater gewohnt, da ist der Anspruch hoch, denn ich will etwas lernen von dem Prediger oder der Predigerin. Dazu gehört für mich auch eine historische Einordnung des Bibeltextes. Außerdem mag ich gute, stimmige Liturgien mit schönen, sprachlich sensiblen Texten und meinen Lieblingsliedern.

. . . . . . . . . . . . . . . . . . . . . . . . . . . . . . . . . . . . . . . . . . . . . . . . . . . . . . . . . . . . .

**KERSTIN GRIESE**, geboren 1966, ist seit 1986 vielfältig in der SPD aktiv, zunächst in der Juso-Hochschulgruppe, dann im Bundesvorstand und im Bundestag und als Sprecherin des Arbeitskreises Christinnen und Christen in der SPD. Seit 2014 ist die studierte Historikerin (Neuere und osteuropäische Geschichte) und Politologin, die bis 2000 als wissenschaftliche Mitarbeiterin in der Mahn- und Gedenkstätte für die Opfer des Nationalsozialismus in Düsseldorf tätig war, zudem Vorsitzende des Ausschusses für Arbeit und Soziales. Daneben engagiert sie sich als Mitglied der EKD-Synode, bei der Kindernothilfe und im Vorstand der Vereinigung »Gegen Vergessen – Für Demokratie«.

## *Auf die*
## **HALTUNG**
## *kommt es an*

GABRIELA GRILLO

D enk daran – Kirche kann überall sein.« Als ich Kind war, hat mir das mein Vater gesagt. In unserem damaligen Gespräch ging es darum, ob, wann und wo man in die Kirche geht. Als Kinder sind wir immer mal in Kirchen gegangen – in evangelische, aber auch in katholische. Zum Beispiel zu Ostern. Aber manchmal auch, ohne dass es einen Anlass gab. Die Ruhe und das Kontemplative zu erleben, das war immer schön und intensiv.

Dass Kirche aber tatsächlich überall sein kann und nicht zwangsläufig mit einem Gebäude zu tun hat, auch das hat mir mein Vater mitgegeben und vorgelebt. Er hat ja noch in einer Zeit gelebt, in der die offensichtlichen Gegensätze zwischen Katholiken und Protestanten sehr ausgeprägt waren. Erst mein Vater hat diese Konfessionsschranken auch in unserem Unternehmen überwunden. Ich selbst bin daher so aufgewachsen, dass man Menschen nicht nach ihrer Konfession, sondern jeden individuell beurteilt. Und dass es nicht ganz so wichtig ist, wie oft man in die Kirche geht, sondern dass es wesentlich ist, eine Lebenshaltung zu entwickeln, die – vorsichtig formuliert – den Geboten nicht widerspricht.

»Die Freiheit und das Himmelreich gewinnen keine Halben« – das Ernst-Moritz-Arndt-Zitat war das Lebensmotto meines Vaters, der dies in mein Poesiealbum geschrieben hat. Als Kind habe ich zunächst nicht verstanden, was ge-

> »*Geliebt und angenommen zu sein – das ist eine* **KERNBOTSCHAFT,** *die ich schon in meiner Kindheit erlebt habe.*«

meint war. Auf meine Frage, was dieses Zitat bedeute, hat er lächelnd geantwortet: »Finde es heraus.« Meine Mutter hatte das Luther zugeschriebene Wort als Motto: »Und wenn ich wüsste, dass morgen die Welt untergeht, würde ich heute noch mein Apfelbäumchen pflanzen.« Beide Zitate haben mit Haltung zu tun. Und jenseits des Glaubensbekenntnisses geht es doch stets darum, eine bestimmte Haltung zu haben – so wie mein Vater das gezeigt hat.

Mit einem klaren Jein kann ich die Frage beantworten, ob Religion schon früh eine Rolle spielte. Es gab eigentlich keine feste kirchliche Einbindung. Vater war sehr liberal, Mutter eher preußisch-korrekt. Eine tolle Balance. Die Eltern haben ihre Haltung vor allem vorgelebt. Das heißt, sie haben gelebt, woran sie geglaubt haben.

Die Bibel ist mir im Detail erst durch Katechumenen- und Konfirmandenunterricht, natürlich auch in der Schule nahegebracht worden. In unserer Schule gab es jeden Mittwoch-morgen eine Andacht – für die Evangelischen in der Aula, für die Katholischen in der Kirche. Genau wie im Religionsunter-richt fiel mir schon früh auf, dass die Klasse geteilt wurde. So bin ich eben nicht aufgewachsen, die Trennung in DIE und WIR – das war mir fremd und unverständlich. Gemeinsames zu betonen, fand ich viel besser.

Obwohl ich mich als Schülerin viel mit Existenzialismus und Nihilismus beschäftigt habe, konnte ich nie sagen, Gott gibt es nicht – auch wenn das in den Sechzigern vielleicht Zeitgeist war. Später haben mir meine Erfahrungen als Reite-rin geholfen, vieles zu erkennen, den Kreislauf der Natur zu erfahren – und zu spüren, dass es etwas gibt, was uns und unserem Leben eine Struktur gibt.

Kirche als Institution ist durchaus ein Thema gewesen. Ich mag Rituale in der Kirche – nicht weil ich meine, dass sie irgendetwas ersetzen können, sondern weil sie helfen zu strukturieren. Allerdings finde ich es unpassend, wenn die Kirche zur politischen Bühne wird, wenn sie sich vom poli-tischen Alltag einfangen lässt. Das kann leicht in Eiferei aus-arten. Und auch Betroffenheitstrends finde ich bedenklich. Kirche muss authentisch bleiben und darf nicht jedem Trend hinterherlaufen. Kirchentage interessieren mich – vor allem, wenn die Ökumene betont wird. Wichtig ist mir, dass man das Gemeinsame hervorhebt, den Menschen annimmt wie er ist – in den Religionen, aber auch im Persönlichen. Und selbst stets authentisch bleibt.

Geliebt und angenommen zu sein – das ist eine Kern-botschaft für mich, die ich schon in meiner Kindheit sehr

GABRIELA GRILLO

intensiv erlebt habe – und das ist für mich auch eine Kern-
botschaft, die den Glauben ausmacht. In unserer flüchtigen
Zeit mit Internet und virtuellen Netzwerken sollte gerade
die Kirche dazu beitragen, zum eigenen Denken anzuhalten,
Menschen zu gewinnen und zusammenzuführen – und letztlich eine gute, dem Nächsten zugewandte Lebenshaltung zu
fördern.

· · · · · · · · · · · · · · · · · · · · · · · · · · · · · · · · · · · · · · · · · · · · · · · · · · · · · · · · · · · · · · ·

**GABRIELA GRILLO,** in Duisburg geborene Unternehmerin und Olym-
piasiegerin im Dressurreiten; war von 1976 bis 1982 Mitglied der Deutschen Dressur-Nationalmannschaft und errang u. a. 1976 olympisches
Mannschafts-Gold; trat 1993 in das Familienunternehmen ein; ist Sprecherin der Geschäftsführung der Wilhelm Grillo Handelsgesellschaft und
Vorsitzende des Aufsichtsrats der Grillo-Werke AG.

*Unbedingtes*
**BEKENNTNIS** *zur*
*Gewissensfreiheit*

HERMANN GRÖHE

I ch bin von Kindesbeinen an evangelisch geprägt. Das reicht von Kindergottesdienst und Jugendfreizeiten bis zu den Bach-Oratorien und den »Losungen« der Herrnhuter.

An der evangelischen Kirche gefällt mir besonders das gleichberechtigte Miteinander aller Gläubigen – auch in der Leitung unserer Kirche, vom Presbyterium bis zur Synode der EKD. Erfahrungen in weltlichen Berufen und gesellschaftlichem Engagement erfahren so echte Wertschätzung.

2017 wird für die evangelische Kirche ein besonderes Jahr. Im Zentrum steht der Glaube an den »gnädigen Gott«. Es geht aber auch um den Beitrag von Reformation und Protestantismus für die Entwicklung der demokratischen Kultur. Sicher gab es die Idee der Gewissensfreiheit auch vor der Reformation, haben sie auch Protestanten mit Füßen getreten. Die Wirksamkeit dieser Idee in unserem Kulturraum ist aber untrennbar mit der Reformation verbunden.

Ich weiß mich von Gott getragen, fühle mich unverdient beschenkt. Das macht das Leben reich und gibt eine Gelassenheit, die vor Selbstüberforderung schützt – im persönlichen Bereich wie in der Politik.

Wer glaubt, dass die Welt gerettet ist, weiß, dass er sie selbst nicht täglich retten muss. Das schenkt die Freiheit, das uns Mögliche beherzt zu tun.

· · · · · · · · · · · · · · · · · · · · · · · · · · · · · · · · · · · · · · · · · · · · · · · · · · · · · · · · · · · · · ·

HERMANN GRÖHE, geboren 1961, ist seit 1994 Mitglied des Deutschen Bundestages und seit 1997 der Synode der EKD. 2013 wurde er zum Bundesminister für Gesundheit ernannt. Hermann Gröhe ist verheiratet, hat vier Kinder und lebt in Neuss.

## Gott ist IMMER da

NINA HAGEN

A ls ich 17 war, habe ich LSD genommen, weil ich hoff-
te, eine Gotteserfahrung zu erleben. Aber zuerst bin
ich in einem Bereich gelandet, wo es kein Leben und kein
Sterben, sondern nur Schmerzen gab. Und das Gefühl, dass
es jetzt für immer so bleibt. In diesem Moment habe ich gerufen: Oh mein Gott, hilf mir doch! Plötzlich bin ich in eine
tiefe Ruhe gekommen. Als ich Ihn erkannte, habe ich Ihn

gefragt: Gehst du etwa wieder weg, wie all die anderen? Und da hat Gott mir geantwortet, dass er immer da war und dass er immer da sein wird. Da ist mir ein Stein vom Herzen gefallen. Gott hat mich mit einer Liebe angeschaut, die kann man nicht beschreiben. Diese Erfahrung hat mich durch alle dunklen Täler getragen, die dann gefolgt sind. Verletzungen, Verleumdungen, gebrochene Herzen. Ich bete jeden Tag, Beten ist etwas Wunderschönes! Ich will aber nicht näher beschreiben, wie ich das mache. Es steht doch geschrieben, dass wir damit nicht auftrumpfen sollen.

. . . . . . . . . . . . . . . . . . . . . . . . . . . . . . . . . . . . . . . . . . . . . . . . . . . . . . . . . . . . . . . . . .

Die deutsche »Godmother of Punk« **NINA HAGEN,** geboren 1955, wurde 2009 evangelisch-reformiert getauft. Die Sängerin, Schauspielerin und Songwriterin provozierte im Laufe ihrer langen Karriere immer wieder öffentliche Skandale durch esoterische Theorien, aber auch exzentrische Angriffe auf Zeitgenossen. Nina Hagen engagiert sich für die Entschädigung von Medikamenten-Opfern und betätigt sich immer wieder politisch, z.B. im Programm der Freiheit statt Angst-Demonstration für Bürgerrechte auf dem Berliner Alexanderplatz 2011.

# *Begeistert von der Vielfalt der* GLAUBENSFORMEN *durch die Jahrhunderte*

............................................................

ANDREAS GRAF VON HARDENBERG

I ch hatte das Glück einer christlich geprägten Kindheit. Gutenachtgebete mit meiner Mutter, Tischgebet, Weihnachtslieder und Krippenspiele im Schafstall, der Kirchgang in die Hardenberger Patronatskirche, zugleich auch ein sonntägliches Familientreffen. Diese Prägung setzte sich mit den kirchlichen Ritualen der Konfirmation, der Trauung, der Taufe der eigenen Kinder, inzwischen auch der Enkel fort. So

61

bleibt die Kirche und die christliche Botschaft in mein Leben verankert.

Was ist daran evangelisch? Eine katholische Kindheit und Jugend wäre wohl nicht viel anders verlaufen. Nach 1945 traten konfessionelle Abgrenzungen ohnehin in den Hintergrund. Ich erinnere mich an einen Film mit Dieter Borsche als evangelischem Pfarrer, der mit einem katholischen Amtsbruder für die Trauung eines evangelischen Bräutigams mit seiner katholischen Braut, gespielt von Ruth Leuwerik, eine ökumenische Lösung fand, unter dem gemeinsamen Eindruck, dass nach dem Ende des Naziterrors die beiden Kirchen zueinanderfinden sollten.

Auch meine Schule, ein Internat mit ursprünglich anthroposophischem Leitbild, richtete den Blick eher auf die Entwicklung des Christentums insgesamt und auch auf unsere »älteren Brüder« aus dem Judentum. Romano Guardini und Martin Buber wurden mit ihren philosophischen Schriften behandelt; »Das Ende der Neuzeit« von Guardini war ein Aufsatzthema. Immerhin habe ich im Schulchor die meisten Kantaten und Motetten von Johann Sebastian Bach gesungen, vor allem auch seine h-Moll-Messe. Diese Texte haben sich tief eingeprägt, wie auch die bewegenden Kirchenlieder von Paul Gerhardt. Als ich dann in einem katholischen Gottesdienst »Großer Gott, wir loben dich« im Gemeindegesang erlebte – langsam, düster, gequält wie ein Trauergesang, da empfand ich zum ersten Mal einen Unterschied zu unseren katholischen Freunden und Genugtuung über den fröhlichen, zuversichtlichen Gesang einer evangelischen Kirchengemeinde.

Später habe ich neben meinem Brotstudium Jura Kunstgeschichte studiert und mich dabei für die großartigen Kirchenbauten quer durch Europa begeistert. Die romanische Basilika in Vézelay, Burgund, die gotischen Kathedralen in

> **»** *Ganz besonders hat mich die Geschichte der* **FRIEDENSKIRCHE** *in Schweidnitz bewegt.* **«**

Chartres und Straßburg, der Petersdom, die Stadtkirche in Wittenberg mit dem reformatorisch geprägten Altarbild von Lucas Cranach, die Rokokokirche »die Wies« in Oberbayern, die Wallfahrtskirche Notre-Dame-du-Haut in Ronchamps, gebaut von Le Corbusier: Sie alle zeigen die Vielfalt der Glaubensformen durch die Jahrhunderte.

Aber ganz besonders hat mich die Geschichte der Friedenskirche in Schweidnitz, Niederschlesien, heute Polen bewegt. Im Zuge der Gegenreformation hatten die Habsburger die Protestanten aus den alten Kirchen vertrieben, ihnen aber im Westfälischen Frieden zugestanden, wenige neue Kirchen zu bauen, allerdings ohne Glockenturm und nur aus Holz, Stroh und Lehm. Daraus entstanden gigantische Fachwerkbauten, von außen wie übergroße Scheunen, aber innen mit Emporen wie in einer Oper und Platz für 7 500 Kirchgänger. Die Ausstattung besteht aus üppigen barocken Altären und farbenprächtigen Epitaphen und Gemälden, bis hinauf zu der Holzdecke. Die Kirche in Schweidnitz steht nun seit 350 Jahren, heute leider nur ein Museum einer glaubensstarken Zeit. All diese Begegnungen mit dem Christentum führten mich

63

**ANDREAS GRAF VON HARDENBERG**

vor 25 Jahren in Berlin in den Johanniterorden. Neben Aufgaben in einem Johanniterkrankenhaus habe ich vor allem Vorträge zur Kirchengeschichte organisiert. So entstand aus freundschaftlichen Beziehungen zu Theologen und Historikern der Humboldt-Universität eine einzigartige Fortbildung für die Berliner Johanniter. 22 Vorträge sind unter dem Titel »Reform, Reformer, Reformation« erschienen. Die Vortragsreihe wird unter dem Arbeitstitel »Kirche und Aufklärung« fortgesetzt.

Wenn wir die Geschichte der Christenheit mit ihren großen Gestalten und Reformbewegungen, aber auch mit ihren Widersprüchen und Schwächephasen besser kennenlernen, können wir Fragen zum Glauben und zur Bedeutung unserer Kirche besser beantworten.

· · · · · · · · · · · · · · · · · · · · · · · · · · · · · · · · · · · · · · · · · · · · · · · · · · · · · · · · ·

Er kam 1937 als Spross eines alten Adelsgeschlechts zur Welt. 1945 floh er mit seiner Mutter aus Schlesien und kam bei Verwandten in Niedersachsen unter. Er wurde Bankkaufmann, 1989 gar Vorstandsmitglied der Berliner Bank. Im Ruhestand engagiert sich **ANDREAS GRAF VON HARDENBERG** jetzt als Vorsitzender des Vereins »Freunde der Preußischen Schlösser und Gärten« sowie als Mitglied des Johanniterordens.

## Ich bete, wenn ich
## **DANKBARKEIT** *empfinde*

*I*ch kann mich nicht an kirchliche Vorbilder erinnern, eher an große Humanisten. Besonders beeindruckt hat mich in der Pubertät Thomas Mann und später dann Albert Einstein. Wer mich so prägte, dass ich bis heute klar sagen kann »Ich bin evangelisch«, waren vor allem die Pfarrer, mit denen wir in der Oberstufe in den Nahen Osten gereist sind und die uns dort mit dem Neben-, dem Gegeneinander, aber auch den vielen Gemeinsamkeiten der drei großen Religionen konfrontiert haben. Ein paar Jahre danach sensibilisierte

65

mich besonders stark meine jetzige Frau. So ist mir mein Glaube insbesondere dann wichtig, wenn es mir schlecht geht und – mehr noch – wenn es mir gut geht. Ich bete, wenn ich Angst habe und – mehr noch – wenn ich Dankbarkeit empfinde.

Es ist die Zuversicht, dass es da »jemanden/etwas« gibt, der/das für Liebe und Gerechtigkeit sorgt. Christsein im Alltag gibt mir ein Geborgenheitsgefühl und bedeutet im Zusammenleben, die »gute Botschaft« nicht zu predigen, sondern verantwortungsvoll vorzuleben. So will ich auch einst mit mir im Reinen, gelassen und im Kreis meiner Lieben sterben. Distanz von meiner Religion kann ich mir nur schwer vorstellen, von der Kirche dagegen schon. Die Kirche darf nicht ideologisch sein – es sei denn, es geht um die Grundwerte der Religion, sie ist Moderator und Mediator zwischen den Religionen und Überbringer und Vermittler der »guten Botschaft«. Ich freue mich auf Denk- und »Fühl«-Anstöße und mag das Gemeinschaftserlebnis in den Gottesdiensten. Ärgern kann ich mich über ideologische und hohle Phrasen.

· · · · · · · · · · · · · · · · · · · · · · · · · · · · · · · · · · · · · · · · · · · · · · · · · · · · · · · · · · · · · · ·

**MANFRED HESS** wurde in die beginnenden Wirtschaftswunderjahre 1954 im Westteil Berlins geboren und am Erntedankfest 1955 getauft. Nach liberal-konservativer Ausbildung in einer »Dorf«-Grundschule, humanistischem Gymnasium und Jura-/BWL-Studium im Post-68er-Berlin, Referendar- und Assistenzzeit im noch konservativeren Mainz stieg er in die Geschäftsführung des heute 140 Jahre alten Familienunternehmens seiner Eltern ein. Er gestaltete dessen Umbau vom nationalen Spezialgeschäft für Vermessung, Architektur und Ingenieurwesen hin zum online-Versandhandel für diese Branchen. Manfred Heß ist kirchlich getraut, seine drei Kinder sind getauft und konfirmiert.

# LAUFTRAINING
## *als spirituelle Praxis*

**FRANK HOFMANN**

I ch wurde mit 18 Tagen am 2. Dezember 1962 in der neu-apostolischen Gemeinde Frankfurt-Fechenheim getauft. Meine Mutter wundert sich heute noch, dass ich während der gesamten Zeremonie ruhig geblieben bin. Die christliche Er-ziehung meiner Eltern hat den Boden für eine religiöse Sen-sibilisierung bereitet. Ich bin aber immer ein Suchender ge-blieben. Damals lebte ich in zwei Reichen. Kirche und Alltag standen sich in meiner kindlichen Wahrnehmung feindlich gegenüber.

Nach dem Abitur habe ich mich von der neuapostolischen Kirche abgewandt und in der Philosophie Antworten auf meine Sinnfragen gesucht. Ab dieser Zeit bis etwa Mitte 40 fühlte ich mich als Atheist. Dass ich das Christentum dann nochmals neu entdecken durfte, verdanke ich meiner jetzigen Frau und einer beruflich veranlassten Begegnung mit Margot Käßmann. Sie hat mir die Anregung gegeben, mein tägliches Lauftraining als spirituelle Praxis zu begreifen. Bei der dritten Ehe kam dann auch erstmals der Segen dazu. Vielleicht ist das der Grund, weshalb sie zu halten scheint… Unsere Tochter Philine kam glücklicherweise erst nach meiner Bekehrung zur Welt, sie ist getauft. Ich bete jeden Tag morgens beim Laufen, vor dem Essen, vor dem Einschlafen – und jederzeit, wenn es sein muss. Wie ich sterben will? Mit der dritten Bitte des Vaterunser auf den Lippen.

Vorbilder? Mein Griechisch- und Lateinlehrer in der Oberstufe war ein großartiger Pädagoge, der mich gelehrt hat, kritisch und fruchtbar mit Texten umzugehen. Dieser liebevolle und gleichzeitig sezierende Umgang prägt heute noch mein Verständnis von Bibelexegese, das ich gerade in einem nebenberuflichen Theologiestudium vertiefe.

Die »gute Nachricht« sehe ich trinitarisch: 1. Gott will und liebt dich so, wie du bist. 2. Wenn du leidest, leidet Gott mit dir. 3. Du kannst Gottes Kraft in dir spüren. »Evangelisch« bedeutet für mich: Gott nahe, aber jedem Fundamentalismus fern zu sein. Ich habe in meinem Suchen keine andere Religion gefunden, die eine so reflektierte und diskussionsfreudige

Theologie mit einer solchen tiefen und reichen Frömmigkeit verbindet.

Mein Glaube hilft mir, mehr Sinnabschnitte in meinem Leben zu erkennen. Das wiederum gibt mir die Kraft, mich jeden Tag in Nächstenliebe zu üben – und mein tägliches Scheitern daran zu akzeptieren. Im Übrigen freue ich mich daran, dass inzwischen mein Familienleben, mein Beruf und mein Studium von christlichen Inhalten bestimmt sind.

Kann es eine Situation geben, in der der Glaube unwichtig ist? Ich hoffe nicht. Von meiner Religion distanziere ich mich nie – aber ich bin manchmal überrascht, wie schnell sich Kirchenvertreter von »ihrem Verein« distanzieren. Da würde ich mir mehr Fankultur wünschen. Die Kirche sollte parteiisch, leidenschaftlich, zornig sein – und ausgleichend, sanftmütig und versöhnend. Weder ein Spa für religiöse Wellness, noch ein pastoraler Phrasomat.

Im Gottesdienst möchte ich gestört werden! In der Bibel kann man lesen, wie die Menschen auf Jesus reagierten: Sie waren entsetzt oder verstört, wunderten oder fürchteten sich – in jedem Fall waren sie existenziell getroffen. Genau das erwarte ich auch von einem Gottesdienstbesuch.

FRANK HOFMANN, geboren 1962, ist Chefredakteur des ökumenischen Vereins »Andere Zeiten« in Hamburg. Davor war der promovierte Philosoph und Buchautor als Journalist für verschiedene Magazine im Technik-, Lifestyle- und Sportbereich tätig (auto motor und sport, stern, Men's Health, Runner's World). www.anderezeiten.de, www.spirituelles-laufen.de

# **MUSIK** *ist das größte Geschenk*

........................................................

### HANS-JÜRGEN HUFEISEN

Ich wurde am 2. Weihnachtstag 1954 in der Evangelischen Kirche Lobberich (bei Krefeld) getauft. Meine Mutter war nicht dabei. Sie hatte mich kurz nach meiner Geburt im Februar 1954 verlassen und so lebte ich zu diesem Zeitpunkt in einem Säuglingsheim in Lobberich. Vermutlich veranlasste die Leitung des Säuglingsheims meine Taufe.

Mit dem dritten Lebensjahr kam ich nach Neukirchen-Vluyn in das Kinderheim Haus Sonneck. Ich lebte in einer Kindergruppe mit etwa 15 Kindern zusammen, Mädchen und Jungen. Es wurde viel gebetet und gesungen, am Morgen gleich nach dem Wecken, vor und nach dem Essen und dann noch, wenn wir am Abend im Bett saßen – vor dem Einschlafen. Wir sind einfach in die Rituale des Tages mitgenommen worden. So bin ich in eine christliche Welt hineingewachsen. Irgendwie tat mir das gut. Die Lieder gaben mir so etwas wie einen Segen und eine tiefe Zufriedenheit. Das Beten zu etwas Unsichtbarem war sehr geheimnisvoll.

Auf meinem Schulweg kam ich an einer katholischen Kirche vorbei. Ab und zu ging ich als »Evangelischer« in diese Kirche hinein. Sie war immer geöffnet. Ich war fasziniert von den Dingen, die ich sah und mit den Sinnen einatmen konnte. Die Kerzen in den dunklen Ecken. Die schönen Fenster. Die fantasievollen Bilder. Der Weihrauchduft. Der anmutende Altarraum. In der evangelischen Kirche ging es nüchterner zu. Außer am Sonntag war die evangelische Dorfkirche immer geschlossen. Keine Kerzen. Wenig zum Schauen. Doch gesungen wurde viel. Mit elf Jahren begann ich im Neukirchener Posaunenchor mitzuspielen. Das hatte was. Abgesehen davon hatte ich eine sogenannte besondere Ausgehzeit. Ich durfte als Jugendlicher für die Posaunenchorproben an einem Abend in der Woche das Kinderheim verlassen. Dazu kamen die Zeiten mit den Auftritten des Posaunenchores. Mir tat es auch gut, nicht nur unter Jugendlichen zu sein. Ich konnte mich messen an und mit den Älteren. Immerhin berichtete mal die Zeitung über die beiden Steppkes im Posaunenchor.

Christliches Vorbild war und ist für mich, dass ich als »mutterloses« Kind ein »Angenommensein« erlebte. Persönliche Vorbilder hatte ich nicht. Für mich »geschah« einfach das christliche Leben in den täglichen Ritualen – in den Geschichten, die uns im Kinderheim und im Religionsunterricht erzählt wurden. Damals war ich von einigen Figuren in den biblischen Geschichten begeistert: zum Beispiel der Mut

> **» *Wenn ich flöte, blase ich* MEINE SEELE *nach außen.* «**

des jungen Harfenspielers David, der später König werden sollte. Das war wie eine Fantasiestory. Spannend. Märchenhaft. Auch die Figur Mose war für mich wie ein Vorbild: ausgesetzt werden und doch eine Heimat finden. Ich reise viel und erlebe dadurch die unterschiedlichsten Kulturen und Religionen. Was wäre wohl passiert, wenn meine Mutter mich damals in Indien oder in Japan ausgesetzt hätte?

In meiner späteren Jugendzeit wurde die Bibel im heutigen Deutsch mit dem Titel »Die Gute Nachricht« veröffentlicht. Es war die Zeit, da ich von der christlichen Gemeinschaft eher Abstand suchte. Den Titel »Die Gute Nachricht« fand ich seinerzeit sehr unpassend. Viele der biblischen Geschichten zeugen vom Gegenteil – von einer kriegerischen und schrecklichen Nachricht. Den Titel »Die gute Nachricht« empfinde ich heute noch als »Mode macht die Welt«.

Als Komponist und Musiker komme ich immer wieder zu meinen kulturellen Wurzeln. Sie liegen in der Musik- und Liedtradition der evangelischen Kirche. In den Liedkompositionen liegt für mich eine große Kostbarkeit und sie sind einmalig in einer religiösen Bewegung. Die kleinsten Melodien sind für mich große Kunstwerke. Mit ihren Melodien habe ich angefangen, die Kunst des Flötenspiels zu erlernen. Da die Töne der Lieder mir so vertraut waren, konnte ich sie schnell auswendig spielen. Dabei fing ich an, mit den bekannten Tönen zu improvisieren und sie mit anderen Tönen zu verbinden. Und es entstand plötzlich etwas Neues. Seitdem ist mir bewusst: Mag jeder Ton auch vergänglich und einmalig sein, so verbindet er sich doch mit all den Tönen um uns herum zu einer größeren Bewegung von Raum und Zeit, zu einem Reigen von Werden und Vergehen und Neuwerden. Und wenn ich heute die Choralmelodien mit meinen eigenen Flötentönen umspiele, dann habe ich stets das Gefühl, dass ich ein Geschenk überreiche. Das ist für mich Christsein im Alltag.

In vielen Konzerten gehe ich mit meiner Flöte spielend um die Zuhörenden herum. Dabei spiele ich häufig das alte Kirchenlied »Breit aus die Flügel beide«. Ich setze das Bild des Liedes ganz praktisch um, indem ich durch den Konzertraum mit der inneren Vorstellung gehe, dass meine Flötentöne sich wie Flügel symbolisch um diese Erde ausbreiten. Das ist für mich Beten, Bitten um den Segen. Das ist der Psalm ohne Worte. Und wenn ich flöte, blase ich ja meine Seele nach außen. Mein Innerstes kehre ich in eine äußere hörbare Form. Mit gesprochenen Worten habe ich es nicht so beim Beten. Wie ich sterben will? Ich möchte sagen können, es war schön und es war eine gute Zeit.

Was bewirkt, dass ich mich von meiner Religion distanziere? Zum einen: Wenn die Kirche weiterhin »verletzende« Symbole in die Welt trägt. Ein Beispiel: Das Symbol des Kreuzes.

Wenn die Kirche ein Kreuzsymbol trägt, dann sollte sie weniger das Kreuz der Passion tragen, sondern das Kreuz der Lebenserfüllung, das Kreuz des Friedens. Ein Kreuzzeichen, das ein Abbild eines Gekreuzigten zeigt, trägt eher Bilder der Gewalt und Verletzung in die Welt hinein. Zum andern: Wenn die Kirche missionarisch wird. (Ich meine nicht den Menschen, der eine Mission in sich trägt.) Denn eine »Aufdringlichkeit ist der Tod der Eindringlichkeit« (Bonhoeffer). Als Kind bin ich in die christliche Kultur hinein genommen worden. Ich hatte die Chance, damit zu wachsen. Ich war umgeben von einer Gemeinschaft. Religion lebt davon, dass sie da ist und nicht davon, dass sie herbeimissioniert werden muss. Die Worte von Bonhoeffer sind mir dabei immer wichtig: »Die Kirche soll so lange schweigen, bis wieder nach dem Evangelium gefragt und der Inhalt ihrer Worte zwingend wird. Das Wort Gottes kann den Menschen nicht aufgezwungen werden. Es soll ihnen nicht zugeworfen, sondern sorgfältig überreicht werden, wenn sie ihre Hände öffnen.« [1]

Seit Jahren führe ich musikalisch-spirituelle Reisen. Dabei machen wir uns auf den Weg zu Kraftorten, zu Plätzen der Kultur, zu magischen Stätten, zu grünen Landschaften und zu Ozeanen. Die Reisen zu diesen beseelten Orten wollen Zeit lassen, die Stätten wahrzunehmen und dem Staunen und dem eigenen Empfinden Raum zu geben. Das wäre doch eine Kirche, die sich aufmacht und nicht stehen bleibt! Die Kirche ein Gasthaus auf dem Lebensweg. Eine spirituelle Heimat.

. . . . . . .

[1] Bonhoeffer, Sanctorum Communio, Eine dogmatische Untersuchung zur Soziologie der Kirche, Berlin 1930.

Ein Ort, in dem Geheimnisse wohnen dürfen. Eine Kirche der Mystik. Ein spiritueller Ort.

Kein ökumenisches Doppelkonzert von Evangelisch und Katholisch, sondern ein Concerto grosso, welches den ganzen Erdkreis umzieht.

Ich denke, dass Vertrautes sehr wichtig ist: die Liturgie, das Vaterunser, das Abendmahl, der Segen. Das alles ist wie Heimat. Und doch habe ich so meine Schwierigkeiten. Gottesdienst klingt schlicht und einfach nach Arbeit. So wie Bibelarbeit. Dienstaufsicht. Stubendienst. Dienstfahrt. Es muss gedient werden. Ich staune schon, dass sich in der heutigen Zeit dieser Begriff hat so halten können. Aus meiner Sicht kann diese Begrifflichkeit niemals für eine spirituelle Erfahrung stehen. Mir ist bewusst, dass die Kirche der Reformation eine Kirche des Wortes und der Predigt geworden ist. Doch eine sinnentleerte Kirche? Das kann es auch nicht sein. Bildlich sehe ich die Kanzel auf der einen Seite und die Orgelempore auf der anderen. Dazwischen sitzt die Gemeinde.

Als evangelischer Christ wünsche ich mir, dass sich das Tor der Kirche weit öffnet. Dass das Kirchenjahr als etwas Heilendes entdeckt wird. Wir würden uns einüben und einstimmen können auf die Geheimnisse der Jahreszeiten, mit der Schöpfung Frieden zu halten und auf den inneren und äußeren Lebensrhythmus genauer hinzuhorchen. Dass die Worte der Kirche Zeichen setzen, verbinden und Segen spenden, jedoch nicht moralisieren und ausgrenzen. Dass die evangelische Kirche mit ihrer großartigen Musiktradition einen mutigen Weg der Wandlung mitgeht. Musik gehört nicht den Profis. Musik muss sich ebenfalls verändern. Denn

Musik ist die Sprache zwischen den Tönen. Sie ist für mich das größte Geschenk, das der Mensch der Erde überbrachte. Im Gesang öffnet sich die Seele für eine andere Welt, eine kosmische, die im gesprochenen Wort schwer (oder nie) zu finden wäre. Wenn unsere Seele hört, gehören wir ganz dem, was wir hören. Gerade heute brauchen wir den Raum der Stille, den Ort des Schutzes, die Oase außerhalb der hektischen und lauten Zeit. Wenn nicht die Kirche, wer dann sollte es ermöglichen? Religion ist eine öffentliche Kraft. Dazu brauchen wir gestaltete kirchliche Bauwerke, die uns aus dem Alltag herausnehmen können. Gerade die evangelische Kirche muss wieder lernen, mit der Schönheit des Raumes umzugehen und sie anzunehmen, damit auch die Gefühle ihren Platz finden. Natürlich kann ich an jedem Ort beten und singen. Doch es ist der öffentliche (heilige-heilsame) Raum – die Kirche im Dorf und in der Stadt –, der wie ein geöffnetes Buch dastehen könnte. Ich wünsche mir eine evangelische Kirche, die ihre Evangelien weiterschreibt und nicht meint, die Bibel sei mit der Offenbarung abgeschlossen. Die evangelische Kirche möge die Reformation als einen Weg der Transformation verstehen.

**HANS-JÜRGEN HUFEISEN,** geboren 1954, studierte Blockflöte, Musikpädagogik und Komposition an der Folkwang-Musikhochschule Essen. Er war von 1977 bis 1991 Referent für musisch-kulturelle Bildung der Evangelischen Landeskirche in Württemberg. Seit 1991 arbeitet Hufeisen freischaffend als Komponist, Produzent und Musiker. *www.hufeisen.com*

# Ich habe NOCH NIE
## an Gott gezweifelt

**KLAUS JOST**

**G**ott macht keine Fehler. Das ist mein Leitspruch. Gott ist so unbegreiflich groß, dass ich mir nie anmaße und es nicht für notwendig halte, Gott begreifen zu können – einen, der die Welt geschaffen hat, der die ganze Welt in Echtzeit in der Hand hält, mit allem, was dazugehört! Wenn ich darüber nachdenke, was ER können muss, mit sieben Milliarden Menschen in Echtzeit kommunizieren, 24 Stunden, sieben Tage die Woche und zugleich jeden Vogel und jeden Baum sieht – ist das nicht unfassbar? Ich habe noch nie an

Gott gezweifelt. Ich habe ein Urvertrauen, einen Urglauben. Ich weiß, wie schrecklich es ist, wenn du Christ bist, lange Jahrzehnte dabei, und auf einmal zweifelst du, ob es wirklich diesen Gott gibt. Und ob es wirklich ein Leben nach dem Tod gibt. Ich zweifle nicht, und das sehe ich als Geschenk. In meiner Familie haben wir Schlimmes erlebt, da fragst du dich schon: Wie kann das sein? Wir haben schlaflose Nächte gehabt, wo wir nicht wussten: Wie kriegen wir das geregelt? Wie soll es weitergehen? Es gibt in diesen Situationen zum Glück Menschen, Freunde, Christen, die Beistand geben können. Und in solchen Momenten kann, ja muss ich beten. Wir lernen, dass wir auch flehen und ruhig mal schreien sollen im Gebet, und das tue ich dann. Wen soll ich sonst fragen, an wen soll ich mich sonst wenden?

. . . . . . . . . . . . . . . . . . . . . . . . . . . . . . . . . . . . . . . . . . . . . . . . . . . . . . .

**KLAUS JOST,** geboren 1961, ist seit 2001 Vorstand der Intersport Deutschland eG und seit 2009 Präsident der INTERSPORT International (IIC) in Bern. Weltweit ist die IIC in über 60 Ländern aktiv mit rund 5800 Geschäften und hat einen Gesamtumsatz von rund 10,5 Milliarden Euro. Klaus Jost ist verheiratet, hat fünf Kinder (zwischen 17 und 28 Jahre alt) und lebt mit seiner Familie in der Nähe von Heilbronn.

# Gott **LIEBT** seine Menschen leidenschaftlich

EVA JUNG

**M**ein Bruder kam eines Tages (ich war etwa 16 Jahre alt) nach Hause und war felsenfest davon überzeugt, dass das, was in der Bibel steht, wirklich wahr und relevant für unseren Alltag sei. Zunächst fand ich das etwas verrückt. Aber irgendwie faszinierte mich der Gedanke. Daraufhin begann ich, in der Bibel zu lesen. Und siehe da – das Buch hat mich heute noch fest im Griff. Unfassbar inspirierend diese Lektüre! Jeden Morgen verbringe ich eine Zeit mit Beten und Bibellesen, in der ich mich bewusst vom Trubel um mich herum absondere und versuche, mich auf Gott zu konzentrieren. Da meine Gedanken dazu neigen, abzuschweifen, habe ich mir früh angewöhnt, meine Gebete schriftlich zu formulieren (die Anregung dazu fand ich in einem Buch von Bill Hybels). So kann ich mich besser konzentrieren und bleibe mit meinen Gedanken und meinem Herzen bei der Sache. Ansonsten verstehe ich Gebet als Gespräch mit Gott – und das pflege ich eigentlich irgendwie den ganzen Tag über.

Ich glaube, dass Gott seine Menschen liebt. Jeden. Ausnahmslos und leidenschaftlich. Er hat einen guten Plan mit jedem von uns und möchte eine Beziehung zu uns, Teil unseres Lebens sein. Um uns seine Liebe zu beweisen, nimmt er alles auf sich und scheut noch nicht mal den Tod: In seinem Sohn Jesus Christus ist er uns so nahe gekommen wie nur irgend möglich, um uns zu beweisen, dass er uns durch und durch versteht und liebt. Und durch den Heiligen Geist können wir die überraschende, kreative Seite Gottes kennen- und lieben lernen. Es gibt keine mir denkbare Situation, in der mir mein Glaube unwichtig wäre. Alltag ohne Gott? Wie sollte das gehen? Gott hat die Zeit erschaffen, er ist allgegenwärtig. Jede Sekunde. Ich kann Gott nicht auf sonntägliche Besuche beschränken. Gott ist Alltag und somit ist mein Christsein Alltag.

Am 23. April 1989 wurde ich getauft. In einem großen Taufbecken mit einigen hundert Litern Wasser wurde ich komplett untergetaucht. Ich kann sagen, das war eine sagenhaft schöne und eindringliche Erfahrung. So nah und verbunden habe ich mich Jesus Christus noch nie zuvor gefühlt. Im Vorfeld hatte ich viele Diskussionen mit meinem Vater. Er

war, seit ich denken kann, Presbyter in der reformierten Kirche und bekräftigte immer wieder, er habe mich aus Überzeugung als Baby taufen lassen. Ich bestätigte ihm, dass ich
ihm dankbar sei, dass er mich damals taufen ließ – und mich
damit als Baby schon unter den Segen Gottes stellte. Es sei

> *» Ich liebe es, in allen Bereichen*
> *meines Lebens* **VORBILDER ZU HABEN.**
> *Darum kommen immer neue dazu. «*

mir aber ein großes Bedürfnis, den Gehorsamsschritt einer
Taufe erst nach meiner Glaubensentscheidung zu vollziehen.
Jesus habe Kinder gesegnet. Und Erwachsene zur Taufe ge-
rufen.

Als Kind besuchte ich einen katholischen Kindergarten –
das war sehr schön! Ich liebte die Ordensschwester, die den
Kindergarten führte, über alles. Auch die Gebetszeiten, mit
denen der Tag begonnen wurde, taten mir sehr gut. Damals
fiel mir auf, dass die Katholiken zum Gebet die Hände anders
falten als die Protestanten. Parallel zum Gottesdienst meiner
Eltern besuchte ich den Kindergottesdienst. Auch der Religionsunterricht in der Schule interessierte mich. Allerdings
empfand ich ihn weder inspirierend noch hilfreich, um über
den christlichen Glauben oder christliche Spiritualität mehr
zu erfahren. Auch im Konfirmandenunterricht war ich sehr
gern… Doch muss ich im Nachhinein sagen, dass ich nicht
viel von dem verstand, was man mir dort vermitteln wollte.
Von Gottes Wesen und wie man mit ihm in Kontakt tritt, 81

lernte ich leider nichts. Uns wurden vor allem die Rituale der Kirche und das religiöse Leben erklärt. Es ging in dieser Zeit natürlich auch darum, wie viele Geschenke man zu seiner

>> *Unter Kirche verstehe ich die Gemeinschaft derer, die* **GOTT LIEBEN.** <<

Konfirmation abstauben könnte. Nicht gerade im Sinn der Sache. Aber so ist man eben drauf als Teenager. Sehr schade. Der Jugendkreis, in dem ich nach der Konfirmandenzeit war, drehte sich fast ausschließlich um die Themen »Dritte Welt« und Umweltschutz. Gott kam nur am Rande vor – so im Sinne von »unsere Schöpfung bewahren«.

Schon immer prägten mich glaubende Menschen in meinem jeweiligen Umfeld, mit denen ich mich über meine Fragen zum Thema Bibel und Leben mit Gott im Alltag austauschen konnte. Jesus Christus ist darüber hinaus das größte Vorbild für mich. Die Bücher von C. S. Lewis haben mich sehr inspiriert und Wilhelm Buschs Buch »Jesus unser Schicksal« war für mich neben der Lektüre der Bibel eine Art Initialzündung. Und sehr inspiriert haben mich vor einigen Jahren die Kurzfilme von Rob Bell. Insgesamt lese ich gern und viel über Glaubensthemen. Ich liebe es, in allen Bereichen meines Lebens Vorbilder zu haben. Darum kommen immer neue dazu.

Ich glaube an das Evangelium – somit fühle ich mich definitiv evangelisch. Aber ich würde mich nicht explizit als evangelisch bezeichnen – ich bin Christ. Ich mag nicht, wenn Glaube religiös wird – also nur noch an Glaubensgrundsätzen klebt und nicht mehr lebendig und beweglich ist. Und wenn Gott nicht mehr im Mittelpunkt steht. Unter Kirche verstehe ich die Gemeinschaft derer, die Gott lieben. Ganz nach Jesu Motto: »Wo zwei oder drei in meinem Namen beisammen sind, bin ich mitten unter ihnen.« Diese Gemeinschaft sollte ein Ort des Lobpreises, der Kreativität, Liebe, Vergebung, Spiritualität und Inspiration sein. Und auf keinen Fall ausgrenzend, altbacken, unbeweglich, festlegend, exklusiv und vorurteilsbeladen. Eine Gemeinschaft, in der man auftanken und heil werden kann, so sein darf, wie man ist und alle Fragen stellen darf. Ein Ort, an dem die leidenschaftliche Liebe Gottes greifbar, handfest und erlebbar wird. Zur Zeit bin ich nur selten in üblichen Gottesdiensten. Was mir wichtig ist, ist lebendige Musik (am liebsten nicht nur Orgelmusik) und Gotteslob, das von Herzen kommt, authentische, begeisterte und inspirierende Menschen, Gott im Mittelpunkt, Spontanität und Offenheit für das Wirken Gottes.

Wünscht sich eine avantgardistische, befreiende, diakonische, überraschende und beflügelnde Kirche: **EVA JUNG,** geboren 1968, Kommunikations-Designerin und Autorin aus Hamburg, Mitglied im Art Directors Club Deutschland, hat für große und bekannte Marken in Hamburger Kreativagenturen gearbeitet und im Laufe der Jahre zahlreiche nationale und internationale Kreativ-Preise gewonnen. 2006 initiierte und gestaltete sie die christliche Internetplattform godnews.de. 2010 gründete sie die gobasil GmbH – und gestaltete mit ihrem Team international mit Design-Preisen ausgezeichnete Bibelausgaben und erfolgreiche Kampagnen, sowohl für kirchliche Einrichtungen als auch für namhafte Wirtschaftskunden.

# SELBST-ZWEIFEL, *Stille und Demut*

**MATTHIAS KAMANN**

**D**as Evangelium ist für mich eine spektakuläre Geschichte: Gott wird Mensch, lebt und stirbt als Mensch. Stark an der Auferstehungsbotschaft ist, dass es kein Grab gibt, zu dem alle dauernd pilgern müssten. Die Lehre von der Erbsünde mag zwar keine »gute Nachricht« sein, ist aber sehr menschenfreundlich, weil mit ihr das Christentum die tragische Dimension der Conditio Humana im Blick behält.

Christentum ist für mich nur denkbar im Zusammenhang mit Textlektüre, mit individueller Geistesfreiheit, mit Gleichberechtigung der Geschlechter, pluralistischer Exegese sowie einem nicht-hierarchischen Amtsverständnis. Gegen Heiligen- oder Marienverehrung indes habe ich im Prinzip nichts einzuwenden.

Die Kirche war für uns Pfarrerskinder ein alltäglicher Bewegungsraum. Insofern empfanden wir es als ganz selbstverständlich, dass der christliche Glaube im Alltag präsent ist.

Mir persönlich als jüngstem von sechs Kindern wurde noch am wenigsten Druck gemacht, den tatsächlichen oder auch nur eingebildeten Benimm-Erwartungen der Gemeinde zu entsprechen. Der Kindergottesdienst war ein Ort anschaulich erzählter biblischer Geschichten. Hingegen ließen Jungschar und Sommerfreizeiten des südwestfälischen Kirchenkreises, stark evangelikal geprägt, alsbald spüren, dass zur Religion auch geistige Enge und Gruppendruck, Moralisierung und Bekenntniszwang gehören können. Entlastung boten da die vielen Spiele und »Die Affen rasen durch den Wald«. Später hingegen, nach dem Umzug in die Nähe von Soest, erlebte ich den dortigen Jugendkreis als Zentrum einer sehr attraktiven Feten-Kultur mit Alkohol, Tanz und guter Musik. Der Religionsunterricht brachte erst in der Oberstufe Gewinn, als eine anspruchsvolle Lehrerin uns philosophische Texte zu lesen gab. In jener Zeit aber begann ich Kirche auf eigene Faust zu entdecken, als Organist, dem allmählich aufging, wie groß die musikalischen und liturgischen Schätze der Kirche sind – und wie wenig sie in den Siebziger- und Achtzigerjahren gepflegt wurden. Wichtig ist mir, im Gottesdienst traurig werden zu können. Was mich stört, ist forcierte Munterkeit.

Mit dem Begriff »Glaube« kann ich nur dann etwas anfangen, wenn ich ihn als Umschreibung für religiöses Denken und Sprechen im Rahmen des Christentums verstehe. Solches Denken und Sprechen ist mir wichtig als Entfaltung meiner selbst, zugleich als Infragestellung meiner Person und meines Verhaltens gegenüber den Mitmenschen. Kategorien wie Zuversicht oder Trost verbinde ich mit »Glaube« nicht, stattdessen Herausforderung und Selbstzweifel, Stille und Demut, genauso Erhebung, Fantasie und Freiheit. So verhilft mir mein Christsein im Alltag zum einen zu freierem Denken. Wer die Bibel als ganz normalen Reflexionsraum empfindet, hat einen weiteren Horizont. Zum andern zwingt mich die Vorstellung vom Jüngsten Gericht, vor dem ich mich zu verantworten habe, zur Prüfung meiner selbst, bietet aber auch Entlastung von hierarchischem Denken. Denn letztlich zählt nicht, was oben angeordnet wird, sondern, wie ich mich dereinst ganz oben zu rechtfertigen habe. Wie möchte ich sterben? Erstens in der Bereitschaft hinzunehmen, dass ich mir da nur sehr wenig aussuchen kann. Zweitens so, dass meine engsten Angehörigen und Freunde weiterhin am Leben hängen. Drittens in Gleichgültigkeit gegenüber kirchlichen Vorgaben zur Sterbehilfe.

MATTHIAS KAMANN, geboren 1961 als jüngstes von sechs Kindern eines evangelischen Pfarrers im Hochsauerland, studierte Germanistik und Volkskunde und promovierte über die Kraft epigonaler Nachahmung in der deutschen Literatur des 19. Jahrhunderts. Nach journalistischen Stationen beim Hessischen Rundfunk und dem »Magazin« der »Frankfurter Allgemeinen Zeitung« kam er 1999 nach Berlin zur »Welt«, wo er heute als Politikredakteur unter anderem über die evangelische Kirche und Bioethik schreibt. 2009 erschien sein Buch »Todeskämpfe. Die Politik des Jenseits und der Streit um Sterbehilfe« (transcript).

*Es gibt* **EIN LEBEN**
*vor dem Tod*

JOACHIM KLEMENT

**D**rei Monate nach meiner Geburt bin ich in Meer-
busch-Büderich getauft worden. Früh haben mich
sicher meine Eltern und meine Großmutter mütterlicherseits
religiös sensibilisiert, später meine Frau. Meine Großmutter
war als Bäuerin in einem kleinen Dorf im Oberbergischen
als Mutter vieler Kinder und mit der Verantwortung für den
Hof (der Großvater betrieb ein kleines Bauunternehmen) mit

einem sehr lebenszugewandten Realitätssinn und einer bemerkenswerten, liebevollen Lakonie ausgestattet. Von ihr habe ich viel gelernt, auch, dass die eigene Nase die ist, an die man sich als Erstes fassen sollte.

Meine Eltern sind beide gläubig, der Vater katholisch, die Mutter evangelisch. Es war für meine Mutter sicher nicht ganz leicht, darauf zu bestehen, dass die Kinder am katholischen Niederrhein evangelisch erzogen werden. Meine Frau hat unter anderem Theologie studiert, bei Dorothee Sölle – da ist in der Folge Haltung gefragt, Auseinandersetzungen eingeschlossen. Das hält frisch.

Die evangelische Kirche in meiner Kindheit erlebte ich als ausgesprochen prägend. Meine bisherige Biografie erscheint mir rückwirkend ohnehin als eine Stationenreise von »Begegnungen mit bemerkenswerten Menschen«, wie Georges I. Gurdjieff das einmal genannt hat. Dazu gehören in meiner Kindheit und Jugend zwei außergewöhnliche Pfarrer in Meerbusch: Hans Hütt und Karl-Hans Schmidt-Arendse. Bei ihnen habe ich Grundlagen gelernt, die mir geholfen haben, mir ein eigenes Bild von der Welt zu machen, das waren: aufmerksam lesen, sich formulieren und zuhören können. Außerdem konnte man in Freizeiten Gemeinschaft erfahren, das war immer auch ein Ringen um Gemeinsames bei unterschiedlichsten Auffassungen, die da aufeinander trafen. Und: Beide waren extrem geduldig, aber auch streitbar.

Dazu kamen als Vorbilder: Dietrich Bonhoeffer, Die Weiße Rose, Heinrich Heine, Kurt Tucholsky, Jean-Luc Godard, Rainer Werner Fassbinder und Joseph Beuys, dem man als Person und dessen Kunstwerken man in meiner Jugendzeit am Niederrhein an jeder Ecke begegnen konnte. Und: Friedhelm Mennekes. Dem katholischen Theologen und Priester, der eine Zeit lang die Kunststation St. Peter in Köln betrieb, verdanke ich die Formulierung der Einsicht, was Kunst und Kirche verbindet: »Nichts treibt den Glauben so sehr wie der Zweifel.«

Die Bergpredigt hat mich sicher am meisten geprägt. Dass es sich lohnt, die Feinde und den Nächsten zu lieben wie sich selbst, finde ich noch immer eine der bemerkenswertesten und ungeheuerlichsten Aufforderungen. Was für eine Einsicht! Alles andere leitet sich für mich daraus ab: Gerechtigkeitssuche, Demut, Wahrhaftigkeit und Barmherzigkeit. Ich fühle mich ausgesprochen »evangelisch«. Es gibt ein Leben vor dem Tod! Mein Glaube ist mir nicht nur in der Not wichtig. Ich finde, dass er durch die dadurch erworbenen Grundhaltungen, die auch immer wieder neu befragt werden, mein Leben doch entscheidend prägt. Das wird mir aber jetzt erst durch das Nachdenken darüber klar.

Wir wurden in einer Barockkirche in Oberwallmenach im Taunus in Begleitung der Familie und von sehr vielen Freunden getraut. Es gab auch ein sehr, sehr schönes Fest im Anschluss in einer mehrgeschossigen Scheune, von einem Obstgarten umgeben, auf dem Land. Das hat in der Folge viele Anwesende animiert, ebenfalls zu heiraten, übrigens auch kirchlich. Wir haben unsere Tochter mit großer Überzeugtheit taufen lassen.

Von der Kirche distanziere ich mich nur, wenn ich den Eindruck habe, dass es ihr an Engagement, Einsicht und Offenheit fehlt. Dabei ist es so einfach, wie man an Beispielen

89

von Personen sieht, die ich kennengelernt habe. Bernd Kling-beil-Jahr zum Beispiel macht in der Friedenskirche in Bremen eine außergewöhnlich engagierte Arbeit. Und den ehemaligen Landesbischof der Braunschweigischen Landeskirche Friedrich Weber finde ich auch einen bemerkenswert offenen und sich kümmernden Gottesmann. Distanz entwickele ich, wenn ich den Eindruck habe, dass sich Personen wichtiger nehmen als die Sache.

Die Kirche sollte offen sein. Ein Ort der Veränderung. Den Menschen zugewandt. Und nicht starr, besserwisserisch, belehrend. Wichtig ist mir im Gottesdienst die Gemeinschaft und eine gute Predigt. Störend empfinde ich das ritualisierte Nichts, Inhaltslosigkeit.

........................................................................

JOACHIM KLEMENT wurde 1961 in Düsseldorf geboren und studierte in Köln und München. Nach Engagements als Dramaturg unter anderem am Theater Graz und am Deutschen Schauspielhaus in Hamburg war er leitender Schauspieldramaturg am Nationaltheater Mannheim. Ab 1999 wechselte er als Chefdramaturg und Stellvertreter des Generalintendanten an das Bremer Theater. Ab der Spielzeit 2006/2007 war er in gleicher Funktion am Düsseldorfer Schauspielhaus engagiert. Zusammenarbeit u. a. mit den Regisseuren: Karin Beier, Johann Kresnik, Martin Kusej, Elke Lang, Konstanze Lauterbach, Wilfried Minks, Amélie Niermeyer, Stephan Rottkamp und Michael Talke. Seit der Spielzeit 2010/2011 ist Joachim Klement Generalintendant am Staatstheater Braunschweig.

# *Lasst uns* LIEBEN *mit der Tat*

EVA LUISE KÖHLER

**R**eligiöse Erziehung erlebte ich zuerst im evangelischen Kindergarten, im Religionsunterricht in der Schule und in der Kinderkirche. Gespannt hörte ich zu, wenn biblische Geschichten wie zum Beispiel Josef und seine Brüder erzählt wurden. Die Leidensgeschichte Jesu rührte mich zu Tränen. Ich durfte dieses kindliche Hineinwachsen in den Glauben erfahren, obwohl gerade mein Vater Kirche und Religion kritisch gegenüber stand. Wie meine älteren Schwestern bin ich getauft, und wie sie

wurde ich auch später zum Konfirmandenunterricht geschickt. Bei aller Kirchen- und Religionskritik waren meine Eltern wohl der Ansicht, dass eine Vierzehnjährige, die
zum Konfirmandenunterricht geht, zumindest nicht auf
Abwege gerät.

Während der Konfirmandenzeit und auch später habe
ich christliche Gemeinschaft erlebt. In der Jungschar und
im Jugendkreis diskutierten wir biblische Texte, verbrachten
Freizeiten miteinander und sangen Fahrtenlieder und Spiri-
tuals. Mit unserem Religionslehrer Pfarrer Faber hatten wir
großes Glück. Er wich unseren Teenagerfragen nicht aus, sondern diskutierte sie ernsthaft mit uns.

Dietrich Bonhoeffer und Jochen Klepper sind zwei Persön-
lichkeiten, die mich tief beeindruckt haben. Beide hatten
sich während der Zeit des Nationalsozialismus trotz aller
Konsequenzen gegen die Judenverfolgung gestellt und sich
zu ihrem Glauben bekannt. Bonhoeffers Liedtext »Von guten
Mächten wunderbar geborgen« oder Kleppers Lied »Die
Nacht ist vorgedrungen« spenden heute noch Trost und
Zuversicht. Vorbilder sind für mich auch »die Barmherzigen
Schwestern von Vincent Paul«, mit denen mein Mann und
mich eine herzliche Freundschaft verbindet. Vorbild ist aber
auch Pfarrer Frieder Grau, der das Diakonische Werk »Karlshöhe« in meiner Heimatstadt Ludwigsburg leitet. Als Schirmherrin der »Karlshöhe« darf ich immer wieder erleben, wie
sich Pfarrer Grau mit Liebe, Hingabe und Konsequenz dafür
engagiert, dass Menschen ihr Leben annehmen können und
eine Perspektive für sich entwickeln, auch wenn ihr Leben
anderen aussichtslos erscheinen mag.

Ich »lernte« Gottvertrauen nicht zuletzt durch diese Vorbilder. Immer wieder gibt es Menschen, die durch Gott in der Welt wirken und an denen ich mein Handeln ausrichten kann. Die gute Nachricht ist für mich, dass Gott uns annimmt, wie wir sind, mit unseren schönen Seiten, aber auch mit unseren Unzulänglichkeiten.

Als ein Mensch, der sich in seinem christlichen Glauben auf Gott und Jesus konzentriert und mit der Lutherbibel groß geworden ist, bin ich sicherlich evangelisch. Mir liegt die Ökumene jedoch sehr am Herzen. Trotz aller Unterschiede, die Theologen sicherlich besser erklären können als ich, sollten wir uns noch stärker auf unsere christlichen Gemeinsamkeiten besinnen. Mein Mann und ich lernen viel von den Barmherzigen Schwestern von Vincent Paul.

Gerne erinnere ich mich auch an den Taizé-Gottesdienst in Berlin, an dem ich 2012 mit meinem Mann und meiner Tochter teilnehmen durfte. Es war wunderbar zu erleben, wie Christen verschiedenster Konfessionen gemeinsam Gottesdienst feierten. Es wäre schön, wenn wir auch beim Abendmahl in nicht allzu ferner Zukunft als Christen gemeinsam eine Lösung finden könnten.

Ich bete nicht zu festen Zeiten. Aber es ist mir ein Bedürfnis, im Alltag hin und wieder innezuhalten, um mit Gott zu sprechen. Im Gebet finde ich Kraft, meine Aufgaben anzugehen und meine Schwächen zu überwinden.

Für mich ist das Gebet nicht nur der Ort des Bittens, sondern auch der des Dankes. Dies gilt für die kleinen Dinge genauso wie für die großen. Mein Mann und ich sind für unsere 45-jährige glückliche Ehe, für unsere Kinder, Enkel und unsere Familien und Freunde dankbar. Dass sich in unserem Leben vieles so gut gefügt hat, empfinden wir nicht als selbstverständlich.

Glaube bedeutet für mich nicht nur auf Jesus, Gott und die Auferstehung zu vertrauen. Gleichzeitig möchte ich auch mein Handeln von meinem Glauben leiten lassen. Wenn mir das nicht gelingt, erinnere ich mich an meinen Konfirmationsspruch: »Lasst uns nicht lieben mit Worten noch mit der Zunge, sondern mit der Tat und mit der Wahrheit.« Dieser Vers aus dem Johannesevangelium hat für mich Bedeutung im Alltag, ebenso wie für meine Schirmherrschaften und meine Stiftungsarbeit. Nächstes Jahr feiert die »Eva Luise und Horst Köhler Stiftung für Menschen mit seltenen chronischen Krankheiten« ihr 10-jähriges Jubiläum. Mein Mann und ich sind dankbar, dass wir mit Hilfe von ehrenamtlichen Mitarbeiterinnen und Mitarbeitern die Forschung auf diesem Gebiet unterstützen können.

Mit der Gemeinde zu beten, die Predigt zu hören, zu singen und das Abendmahl zu feiern, ist für mich immer wieder wichtig und bestärkt mich auch in meinem Glauben. Ich werde im Gottesdienst zum Nachdenken über mich, mein Handeln und meine Position zum Geschehen in der Welt angeregt.

Einen wichtigen Platz nimmt für mich auch die Kirchenmusik ein. Wo immer das Leben meinen Mann und mich hinführte, habe ich bis heute im Kirchenchor gesungen. Kirchenmusik kann Glaubensaussagen oft in einer Weise interpretieren, wie es Worte nicht können.

Da die evangelische Kirche in der Welt wirkt, muss sie sich auch mit dem Geschehen in der Welt und mit gesellschaftlichen und politischen Prozessen auseinandersetzen, immer bezogen auf die christliche Botschaft. Seelsorge und Verkündigung sollten dabei nicht zu kurz kommen.

Die ausgestreckte Hand Gottes werde ich meinen Kindern nicht vorenthalten. Taufe war für mich keine vorweggenommene Entscheidung für meine Kinder. Ich sah sie als Angebot einer Erziehung im christlichen Glauben. Ob meine Kinder dieses Angebot nach dem 14. Lebensjahr oder im Erwachsenenalter weiter annehmen wollen, stand ihnen immer frei. Aber wie hätten sie sich für etwas entscheiden oder etwas ablehnen können, was sie nicht kennen?

Und meine Kinder sind, wie sie mir sagten, froh darüber, dass mein Mann und ich sie haben taufen lassen, ohne ihnen später Druck zu machen, mit der Konfirmation in die christliche Gemeinschaft eintreten zu müssen. Unsere beiden Kinder sind konfirmiert, mein Sohn hat christlich geheiratet und meine Enkelkinder sind getauft.

. . . . . . . . . . . . . . . . . . . . . . . . . . . . . . . . . . . . . . . . . . . . . . . . . . . . . . . . . . . . .

Als Erste Frau im Staat übernahm **EVA LUISE KÖHLER,** geboren 1947 in Ludwigsburg, die Schirmherrschaften u. a. über das Müttergenesungswerk und UNICEF Deutschland. Bis heute engagiert sich die Grund- und Hauptschullehrerin als Schirmherrin bei ACHSE, der Allianz Chronischer Seltener Erkrankungen, und für die diakonische Einrichtung Karlshöhe Ludwigsburg. Familie Köhler zog 1998 nach London, im Jahr 2000 nach Washington, bevor Horst Köhler zum 1. Juli 2004 das Amt des Bundespräsidenten antrat (bis 2010).

**EVA LUISE KÖHLER**

## Nicht **VERBISSEN,** *aber bitte auch nicht larifari*

JOACHIM KOSACK

*I*ch bin in einem sehr offenen evangelischen Umfeld aufgewachsen: Mein Vater war Pfarrer auf der Insel Nias
in Indonesien. Dort hat er mich 1965 getauft. Das wird ein
langer und heißer Gottesdienst gewesen sein. Meine Mutter
war Pfarrersfrau und Pfarrerstochter und Pfarrersschwester
und Pfarrerstante. Christliches Leben und Denken waren allgegenwärtig. Gleichzeitig gab es noch einige atheistisch-linke

Onkel und Tanten. Alles eine sehr gute Mischung. Sämtliche Stufen vom evangelischen Kindergarten über Religionsunterricht, Jugendkreis und Konfirmation habe ich durchlebt und genossen. Das Feiern, Diskutieren, Gemeinschaft erleben, Kreativ-sein-Können hat mich nachhaltig geprägt. Nach der Konfirmation traf ich auf Hans-Georg Filker, der damals Jugendpfarrer in Wuppertal war. Der machte mir klar, dass man den Glauben nicht einfach mit der Muttermilch aufnehmen kann, sondern irgendwann im Leben ein bewusstes, eigenes Bekenntnis eingehen muss.

Meine »Ersatz-Boygroup« war Hanns Dieter Hüsch. Bei ihm war ich das, was man einen Fan nennt. Hüsch endete sein Programm »Enthauptungen« mit einer Ansage über Band, während die Zuschauer den Raum verließen, also quasi ein gesprochenes Orgelnachspiel:

»Denen, die sich jetzt entzweit seh'n,

empfehlen wir Eins Korinther Dreizehn.«

Die Gedanken dort über Liebe versus Reden und Denken sind, wenn man das Ganze überhaupt auf einen Kern reduzieren kann, ein Leitmotiv für mich.

Der Glaube hilft, das Leben mit allen Auf und Abs bereitwillig anzunehmen. Mein Christsein im Alltag zeigt sich im Bemühen, den Anderen und Nächsten ebenfalls immer im Blick zu haben.

Das Wort und die Musik – das ist es, was mir im Gottesdienst wichtig sind. Nicht verbissen, aber bitte auch nicht larifari. Zu wenig Konzentration und Spiritualität macht alles beliebig. Die Kirche sollte Begegnungs- und Lebensraum sein, aber nicht in sich ruhend. Ich fühle mich als Christ und habe mich bisher noch in keiner anderen christlichen Gemeinschaft mehr zu Hause gefühlt als in der evangelischen.

Von meiner Religion habe ich mich bisher nicht distanziert. Manche Widersprüche muss man gemeinsam durchstehen.

Bei meiner ersten Ehe wurde ich christlich getraut. Bei der zweiten (noch) nicht; meine Frau und ich hatten irgendwie das Gefühl, dass man das nach unseren ersten Trauungen verhältnismäßig schnell hintereinander nicht noch einmal machen kann. Aber das steht für uns wirklich noch aus. Auch wenn wir schon seit fast 15 Jahren verheiratet sind. Es war uns jedenfalls selbstverständlich, unsere Kinder taufen zu lassen.

Wann ich bete? Zu wenig, zumindest zu wenig bewusst.

Wie ich sterben will? Mit offenem Visier.

. . . . . . . . . . . . . . . . . . . . . . . . . . . . . . . . . . . . . . . . . . . . . . . . . . . . . . . . . . . . .

Einen »beharrlichen Dickbrettbohrer« nannte ihn einst eine große Tageszeitung: Der Kabarettist, Schauspieler, Drehbuchautor, Regisseur, Redakteur und TV-Produzent **JOACHIM KOSACK,** geboren 1965, war von 1996 bis 2006 Autor, Regisseur und Producer, sowie zuletzt Produzent (»Stauffenberg«, »Flucht«) bei der Produktionsgesellschaft UFA, wohin er 2012 nach mehreren Stationen bei ProSieben/SAT.1 zurückkehrte. Er verantwortet dort als einer von drei Geschäftsführern den Bereich UFA-Fiction. Kosack lehrt als Professor seit 2002 an der Filmakademie Ludwigsburg. 2011 erhielt Kosack den Robert Geisendörfer Preis, den Medienpreis der Evangelischen Kirche, als »einer der besten Fernsehmacher in Deutschland«.

## Die Fäden des HIMMELS

ANDREAS KRUSE

*I*ch wurde 1955, zwei Wochen nach meiner Geburt, in der Kirche eines sehr kleinen Dorfes getauft, in der auch meine drei älteren Brüder schon getauft worden waren. Der Glaube spielte in unserer Familie immer eine Rolle. Nicht übertrieben, aber doch deutlich spürbar. Die Glaubenspraxis, vor allem der sonntägliche Kirchgang, wurde nicht vernachlässigt, doch wurde auch nie Druck ausgeübt: Gottlob! Und schließlich kam ich mit achteinhalb Jahren in ein – katholisches – Musikinternat, in dem die Verbindung von Musik und Glauben im Zentrum stand: die Musik als Lobpreis Gottes, als Ausdruck der Freude, als Ausdruck der Trauer und der Klage. Die geistlichen Werke, die wir im Chor einstudierten, prägten sich mir tief ein: Durch das Singen lernten wir nicht nur auswendig, sondern auch inwendig. So sind mir viele dieser Werke noch heute völlig geläufig. Ich kann sie auswendig singen. Und deren Motive stellen sich spontan ein, wenn ich mich freue, wenn ich Dankbarkeit empfinde, wenn ich traurig bin. Sie sind Fäden des Himmels.

Johann Sebastian Bach prägte mich, vor allem durch seine Passionsmusik, die h-Moll-Messe. Aber auch andere waren mir Vorbilder im Glauben wie Meister Eckhart, Nikolaus von Kues, Paul Fleming. Meine Frau und ich sind Dietrich Bonhoeffer dankbar. Seine Gebete haben uns in den ersten Jahren unserer Liebe und auch in einer gesundheitlichen Grenzsituation meiner Frau begleitet.

Ich bin eher ein »Karsamstagsmensch«. Und lasse doch nicht von meiner Hoffnung auf die Auferstehung ab. Ich schätze das Wort, das in unserer Konfession eine so große Rolle spielt. Ich schätze den synodalen Gedanken. Und bin bewegt, wenn ich lese und höre: »Media in vita in morte sumus, kehrs umb!, media in morte in vita sumus.« (Mitten im Leben sind wir im Tod – dreh's um: Mitten im Tod sind wir im Leben, Martin Luther.) Großartig. Ich definiere mich aus dem Glauben. Und ich bekenne mich mit Freuden zu diesem. Überall. Immer. Ich bete vor allem, wenn ich danke. In allem Dank – für die wunderbaren Kinder und Enkelkinder, die wir haben, um einen zentralen Lebensinhalt zu nennen – danke ich auch Gott: und dies im Gebet, übrigens oft im musikalisch umrahmten Gebet.

Zu schaffen macht mir die Theodizeefrage. Nur: Wie viel Unheil bringt der Mensch selbst in die Welt! Wir sollten in viel stärkerem Maße das Geistige, das Göttliche in uns wahrnehmen, in die Welt bringen. Das sage ich mir in Momenten des Zweifels. Und das erwarte ich auch von der Kirche, dass sie eine Gemeinde ist, die um Wahrheit ringt, die sich von Mensch, Tier, Natur intensiv berühren lässt, die Mitverantwortung für die Schöpfung übernimmt. Dabei soll sie bitte keinesfalls rechthaberisch, apodiktisch, hart sein.

Wie ich sterben möchte? Zusammen mit meiner Frau oder an der Hand meiner Frau, der körperlichen, der geistigen Hand. Und in dem Gefühl des Schlusschorals der Kreuzstabkantate: »Komm, o Tod, du Schlafes Bruder, komm und führe mich nur fort; löse meines Schiffleins Ruder, bringe mich an sichern Port!«

. . . . . . . . . . . . . . . . . . . . . . . . . . . . . . . . . . . . . . . . . . . . . . . . . . . . .

**ANDREAS KRUSE,** geboren 1955, Professor Dr. phil., Dr. h. c., Dipl. psych., verheiratet, zwei Kinder, zwei Enkelkinder ist Direktor des Instituts für Gerontologie der Universität Heidelberg und Mitglied der Synode der EKD. Seit 2003 hat er den Vorsitz der Altenberichtskommission der Bundesregierung inne. – Im Jahre 2013 veröffentlichte er das Buch (Spektrum Verlag): Die Grenzgänge des Johann Sebastian Bach – Psychologische Einblicke.

ANDREAS KRUSE

# 100 Punkte für die **HOFFNUNG** auf Gnade

## KARL LANG

*E*ine meiner Lieblingsgeschichten geht so: »Ein Mann kommt an die Himmelspforte und Petrus eröffnet ihm, es gäbe ein Ranking und nur mit 100 Punkten käme man in den Himmel. Der Mann beginnt seine ›guten Seiten‹ aufzuzählen, aber auch inklusive 50 Ehejahren in Treue und 25 Jahren Kirchenvorstand kommt er über 14 Punkte nicht hinaus. In seiner Not ruft er aus: Da hilft mir nur die Gnade Gottes! Darauf Petrus: Bingo! 100 Punkte! Komm rein, mein Sohn!« Das ist für mich die gute Nachricht: die Hoffnung auf die Gnade Gottes.

1954, zwei Monate nach Geburt, bin ich im »Familientaufkleid« getauft worden. Für den Glauben sensibilisiert hat mich die eigene Familie, vor allem meine Mutter und der Großvater. Und eine Familie in der Nachbarschaft, da gab es die Lesung des Neukirchener Kalenders als Nachtisch des Mittagessens. Wir Nachbarskinder waren dazu eingeladen.

Ich bin ohne Vorbilder ausgekommen. Es gab aber immer Menschen, die mich geleitet und begleitet haben. Die evangelische Kirche meiner Kindheit war langweilig bis abschreckend. Positive Erinnerungen habe ich nur an den Kindergottesdienst. Der Konfirmandenunterricht bestand größtenteils aus Auswendiglernen und Abhören. In der Schule gab unser Konfirmator den Unterricht; da er auch den Jugendkreis leitete, habe ich darauf verzichtet.

Mein Glaube ist immer vorhanden, aber besonders in Krisen und Nöten, wenn ich spüre, dass ich gehalten werde, dass ich gehalten bin, ist er mir bewusst. Er bestimmt im Alltag (leider) nicht immer mein Handeln, auch wenn ich mich bemühe. Es geht in Familie, Beruf, Gemeinde nicht ohne Verletzungen, Missverständnisse und Fehler ab. Ich bete täglich, aber nicht zu bestimmten Zeiten. Mein tägliches Ritual: Als Erstes, während der PC im Büro hochfährt, lese ich Losungen der Brüdergemeine.

Wie ich sterben will? Plötzlich, schnell und ohne Schmerzen. Aber ich möchte auch (fast) alles abgeschlossen und mich von denen, die mir wichtig sind, verabschiedet haben. Das ist wahrscheinlich so nicht möglich, aber wichtiger ist, wie es dann weitergeht.

Christlich getraut sind wir nicht: Eine Mutter ist katholisch, die andere evangelisch, welche von beiden sollten wir enttäuschen? Aber es war für uns selbstverständlich, unsere Tochter taufen zu lassen und ihr den Glauben und die Gemeinschaft weiterzugeben.

Ich bin gerne Mitglied der evangelischen Kirche. Heinz Zahrnt schrieb: »Am Ende der Religionsgeschichte steht nicht der Sieg des Christentums, schon gar nicht der Katholiken oder der Protestanten, sondern das Reich Gottes, in das alle Religionen und Kirchen eingehen werden.« Von meiner Religion, meiner Sache mit Gott, kann ich mich nicht distanzieren, höchstens von »meiner Kirche«, von Äußerungen, Formen und Inhalten.

Aber was ist Kirche? Weltreligion, Landeskirche, Gemeinde? Mir als Kirchenvorstand und Gemeindemensch ist es wichtig, »meine Glaubensgruppe« gefunden zu haben, die offen und lebendig ist, aber weiß, was die gemeinsame Mitte ist. Im Gottesdienst komme ich gerne zur Ruhe und lasse mich in die gute (alte) Gottesdienstordnung fallen. Ich erfreue mich an guter Predigt und musikalischer Begleitung und finde es schlecht, wenn man spürt, dass der Gottesdienst nicht gut vorbereitet ist.

................................................................

**KARL LANG,** geboren 1954, ist nach Abitur und Bundeswehr in einer evangelischen Buchhandlung in Bad Kreuznach zum Buchhändler ausgebildet worden. Nach einigen anderen Stationen hat er vor 28 Jahren in Hannover seine Stadt gefunden. Gleich gegenüber der Marktkirche steht seine Buchhandlung, die er gemeinsam mit seiner Frau führt. Seit 24 Jahren ist er Mitglied im Kirchenvorstand seiner Gemeinde in der Südstadt Hannovers.

## *Bitte kein seichter*
## SCHEINTROST!

SIBYLLE LEWITSCHAROFF

*Wann und wie sind Sie getauft worden?*

Wann genau weiß ich nicht, aber wohl kurz nach der Geburt, also 1954, in der Heilig-Geist-Kirche in Stuttgart-Degerloch.

*Wer hat Sie religiös sensibilisiert?*

Meine fromme Großmutter, die bei uns im Haus lebte, ein äußerst freundlicher, gutherziger Mensch.

*Wie erlebten Sie die evangelische Kirche in Ihrer Kindheit und Jugend?*

Während der Kindertage war ich sehr fromm, betete auch gern, spazierte vergnügt mit der Großmutter in die

105

Kirche. Prägend war aber nicht der Pfarrer, sondern die Großmutter, die so herrlich aus der Bibel erzählen konnte. Zweitliebstes Geschöpf war mein Rauhhaardackel. Selbstverständlich betete ich auch für ihn. Dann wurde alles anders. Der Vater erhängte sich. Die Großmutter starb. Schon vor der Konfirmation war mit der Frömmigkeit Schluss. Spartacus-Bolschewiki-Leninisten, ein komisches Splittergrüppchen, beherrschten fortan meinen Kopf und meine Seele. Erst sehr viel später, während des Studiums, kam es wieder zu einer Annäherung an die Bibel, überhaupt an religiöse Themen.

*Welche Vorbilder haben Sie geprägt?*

In religiöser Hinsicht nur meine Großmutter. Später dann Autoren der Moderne, bei denen die tastenden Versuche, zu ergründen, ob es einen Gott gibt oder nicht, und wenn ja, wo Er sich verbirgt, falls Er sich verbirgt, prägende Gestalt annehmen. Deshalb sind meine literarischen Säulenheiligen Franz Kafka und Samuel Beckett.

*Was ist für Sie die gute Nachricht des Christentums?*

Das Gebot der Nächstenliebe ist überragend. Die gute Nachricht ist natürlich auch: Es gibt ein Leben nach dem Tode, und erst dann wird uns ein immenser Erfahrungs- und Wissensschatz aufgetan und zuteil werden. Erlösung vom Kleinlichen und Gedrückten und Bösen meiner bisherigen Existenz, darauf hoffe ich. Hoffe natürlich auch, dass die Strafe nicht allzu streng ausfallen wird. Dass ich straflos davonkommen werde, daran glaube ich allerdings nicht. Es widerstrebt meinem Gerechtigkeitsgefühl. Meine liebenswürdige Großmutter wird allerdings ein gutes Wort für mich einlegen.

Sie wähne ich umstandslos aufgenommen in die Schar der Gerechten.

*Wann ist Ihnen Ihr Glaube wichtig?*

In Momenten extremer Vergnügtheit, wenn ich bei Schönwetter und angesichts herumhupfender Zwitscher-Spatzen dankbar gen Himmel blicke und versucht bin, die Hände zu falten, beglückt und gerührt über das schöne Leben, das mir geschenkt wurde. Umgekehrt aber auch, versunken in die Schwärze, wenn mich meine Krankheit stärker packt, ich nachts nicht schlafen kann und um Trost flehe.

*Welche Bedeutung hat Ihr Christsein im Alltag?*

Das Gebot der Nächstenliebe gilt. Schwächung der immerzu sprungbereiten Aggressionen.

*Wann beten Sie?*

Selten.

*Was bewirkt, dass Sie sich von Ihrer Religion distanzieren?*

Ich distanziere mich nicht von meiner Religion. Ich distanziere mich allenfalls von verwilderten haltlosen Formen der Predigt und des Gottesdienstes, der permanenten Anbiederung an den Zeitgeist.

*Was sollte die Kirche Ihrer Meinung nach sein?*

Strenger. Konzentrierter.

*Was nicht?*

Plappernd. Zu kitschigen seifigen Klängen die Klampfe rührend.

*Wenn Sie in den Gottesdienst gehen: Was ist Ihnen wichtig? Was stört Sie?*

Bei einer guten Predigt blühe ich auf. Und es gibt gottlob noch immer hervorragende Organisten. Good-will-Gefasel während der Predigt, das von der Bosheit und Verderbtheit des Menschen nichts wissen will und sich in seichtem Scheintrost ergeht, lässt mich insgeheim das Messer wetzen.

*Wie wollen Sie sterben?*

Hoffnungsvoll. Freundlich. Versöhnt.

. . . . . . . . . . . . . . . . . . . . . . . . . . . . . . . . . . . . . . . . . . . . . . . . . . . . . . . . . . . . . . . . .

Sie debütierte 1994 mit einem Prosaband zu einer alten chassidischen Legende, »36 Gerechte«, es folgten die Erzählung »Pong«, die Romane »Montgomery«, »Consummatus«, »Apostoloff« und »Blumenberg«; zuletzt der Kriminalroman »Killmousky« (2014): Die 1954 in Stuttgart geborene Schriftstellerin **SIBYLLE LEWITSCHAROFF** wurde für ihr Werk vielfältig ausgezeichnet, zuletzt 2013 mit dem Georg-Büchner-Preis. Im März 2014 löste ihre »Dresdner Rede« »Von der Machbarkeit. Die wissenschaftliche Bestimmung über Geburt und Tod« eine heftige Debatte über künstliche Befruchtung und Leihmutterschaft aus.

# *Er passt* **AUF MICH** *auf*

CAROLINE LINK

Als Kind habe ich mir Gott tatsächlich wie einen alten Mann auf der Wolke vorgestellt. Mit dem habe ich ganz oft kommuniziert und hatte das Gefühl: Er nimmt mich wahr und ist auf meiner Seite. Auch heute habe ich irgendwie das Gefühl, dass da jemand ist, der auf mich aufpasst und meine Bitten hört. Mich mit Gott zu unterhalten, das ist für mich so eine trostspendende Form der Meditation. Dieses Gottvertrauen möchte ich an meine Tochter weitergeben. Wir haben sie taufen lassen, und ich wollte, dass Pauline in den Religionsunterricht geht. Die christliche Religion gehört in unserm Kulturkreis einfach zur Allgemeinbildung dazu.

**CAROLINE LINK,** 1964 geboren, erhielt 2003 für ihren Film »Nirgendwo in Afrika« den Oscar. 2013 kam ihr Film »Exit Marrakech« in die Kinos. Die Regisseurin hat eine Tochter und lebt in München.

# JESUS
*nimmt meine*
*Schuld an*

......................................

**MARKUS MAJOWKSI**

Ich bin am 25. Dezember 1964 in Berlin-Westend getauft worden. Meine Omi Bösche, mütterlicherseits, hat mich religiös sensibilisiert und gefestigt mit einer Mischung aus Strenge und Verständnis. Sehr viel Vergebung war dabei im Spiel.

Ich fühlte mich frei in meiner Konfirmandengruppe. Teilweise zu frei. Ich hätte mir mehr Bindung und Führung durch meinen evangelischen Pfarrer gewünscht. Mein leider viel zu großes Ego hat daher keine Bindung zu meiner Heimatgemeinde zugelassen. Erst durch mein Scheitern im Leben und den Verlust von Gesundheit und Zuversicht konnte ich mich zurück in die christliche Gemeinde bewegen. Um Hilfe bittend und zugleich mit der aktiven Bereitschaft für den Dienst in der christlichen Gemeinschaft. Erst seit wenigen Jahren pflege ich den Kontakt zur Gemeinde der Berliner Kaiser-Wilhelm-Gedächtniskirche, und in meiner Selbsthilfegruppe, die nach dem

»Zwölf-Schritte-Programm« funktioniert, ist mein stärkster Anker in christlichen Kreisen.

Jesus Christus, mein Vater, Maria, Sir Peter Ustinov, Mahatma Gandhi, Papst Johannes Paul II. und Martin Luther sind meine Vorbilder. Mich macht glücklich und dankbar: Ich kann mich direkt an Jesus Christus wenden. Er nimmt meine Schuld an. Er vergibt mir. Er ist die Tür zum Göttlichen. Zu Gott, Maria und dem Heiligen Geist. Und er bietet mir das gemeinsame Beten an. Ich lese von seinen Lippen das Vaterunser. Jeden Morgen. Gemeinsam zum Vater beten bedeutet, den Tag liebevoll beginnen. Und gemeinsam das Versprechen geben:…wie auch wir vergeben unsern Schuldigern…! Das ist der Kreislauf der Liebe: Vergebung, allumfassend und klar definiert:…und führe mich nicht in Versuchung, sondern erlöse mich von dem Bösen.

Immer, in Not und in der Freude, ist mir mein Glaube wichtig. In meiner persönlichen täglichen »Missionsarbeit« bin ich vorsichtig und nicht belehrend. Also, wenn ich das Gefühl habe, ich muss das Christentum preisen, verteidigen oder betonen, dann horche ich nach oben und bitte um Führung durch meine Höhere Macht. Diese wohnt in der Dreifaltigkeit und hat ihre Quelle im göttlichen Ursprung, denn dies gestehe ich: Gott ist für mich sowohl weiblich als auch männlich. Und das bedeutet: vorsichtig und fürsorglich und durch gutes Beispiel selbstbewusst vorangehend. Dem darf ich folgen und mich ebenfalls darin üben: vorsichtig und fürsorglich durch gutes Beispiel vorangehen! Alles richte ich daran aus. Auch meine Selbstannahme und die Einsicht, dass ich nicht perfekt bin. Voller Liebe, Sünde, Freude und Leid,

Fehlern und Siegen. Sterben möchte ich einst zu Hause, am Meer in einem warmen Steinhaus, mit dem Augenkontakt zu einem Geistlichen meines Vertrauens.

Ich bete täglich morgens und abends. Und wenn ich in Entscheidungsnot gerate. Die peinlichen Ausrutscher in katholischen Kreisen sind mir unangenehm. Ich schäme mich fremd. Und die Kreuzzüge der Vergangenheit sind mir suspekt. Der Staufer Kaiser Friedrich II. hilft mir dabei, zu verstehen und zu vergeben und einiges sogar zu verteidigen. Die Kirche sollte Familie und Innenraum Christi, kein Dogma sein. Doch Orientierungshilfe! Mein Kind wurde selbstverständlich getauft, denn ich schütze es damit vor dem Bösen in der Welt.

Im Gottesdienst möchte ich aufgerüttelt werden, lachen und verstehen. Ich möchte, dass der Geistliche, die Musik und die Liebe der Gemeinde den Kontakt zu Gott durch die Botschaft Jesu stärkt.

........................................................

**MARKUS MAJOWSKI,** geboren 1964, absolvierte eine Schauspielschule und machte eine Gesangsausbildung. Im Anschluss an ein Engagement am Landestheater Dinkelsbühl kehrte er 1989 nach Berlin zurück und spielt dort ständig an der Komödie, am Theater am Kurfürstendamm und am Renaissance-Theater. Seit 1988 ist er auch in Film und Fernsehen tätig, von 2002 bis 2008 in der SAT.1-Comedy-Serie »Die Dreisten Drei« – Die Comedy-WG. In seiner Autobiografie »Markus, glaubst du an den lieben Gott?« (2013) schrieb er u. a. über seine Drogen- und Alkoholsucht und über seine Bisexualität. Derzeit ist Majowski in »Das blaue Flüstern«, einem ungewöhnlichen Theaterprojekt über einen Wasserkonzern, in Worms zu sehen.

# Der **RELIGIÖSE** *Winkel*

RAINER MORITZ

*Wann und wie sind Sie getauft worden?*

1958 in Heilbronn am Neckar, ganz klassisch in der dortigen Wichernkirche.

*Wer hat Sie religiös sensibilisiert?*

Ich weiß nicht, ob ich religiös sensibilisiert bin. Seitdem ich denken kann, haben mich Fragen, die mit religiösen Vorstellungen, mit dem Tod, mit dem Jenseits zu tun haben, beschäftigt. Als es Mode wurde, über Religion zu spotten, habe ich mich immer zurückgehalten, bis heute. Über ernsthaft religiöse, nicht-bigotte Menschen sollte man nicht spotten. Menschen, die überzeugend und zweifelsfrei glauben (können), faszinieren mich. Ob ich so sein wollte wie diese, weiß ich aber nicht.

*Wie erlebten Sie die evangelische Kirche in Ihrer Kindheit?*
Wohl ziemlich normal. Kein ausgeprägt religiöses Elternhaus, eher seltene Kirchgänge, eine Konfirmation im Rahmen des Üblichen, frühe Verwunderung darüber, wie langweilig Predigten sein können. Und ich habe als Schüler Geld verdient mit dem Austragen des Evangelischen Gemeindeblatts.

*Welche Vorbilder haben Sie geprägt?*
Einige wenige Lehrer, keine Politiker, Literaten oder Künstler. Mit dem Wort Vorbild tue ich mich schwer.

*Was ist für Sie die gute Nachricht des Christentums?*
Die ganz einfachen Botschaften des friedlichen Beisammenseins, der Gerechtigkeit, des Verzeihens und Vergebens, der Nicht-Anbetung des Geldes, des Eintretens für den anderen.

*Fühlen Sie sich »evangelisch«?*
Auf jeden Fall könnte ich mich nicht »katholisch« fühlen. Da wäre mir vieles zu fremd.

*Wann ist Ihnen Ihr Glaube wichtig?*
Er begleitet mich als stille Botschaft. Ich trage ihn nicht vor mir her, würde nie laute Glaubensbekenntnisse abgeben. Schon die Teilnahme an dieser Umfrage ist ein Sprung über meinen Schatten. Aber ohne einen religiösen Winkel in mir möchte ich auch nicht leben.

*Welche Bedeutung hat Ihr Christsein im Alltag?*
Keine besondere. Ich bewundere, siehe oben, Grundsätze des Evangeliums und bin skeptisch, wenn sich Repräsentanten der Kirche zu weit aus dem Fenster hängen und die Moralapostel geben.

*Wann beten Sie?*

Oft vor dem Einschlafen.

*Was bewirkt, dass Sie sich von Ihrer Religion distanzieren?*

Unwürdiges Gebaren der Kirche, Selbstgerechtigkeit und politische Naivität ihrer Vertreter, Salbadereien auf der Kanzel
oder in Buchform.

*Was sollte die Kirche Ihrer Meinung nach sein?*

Eine Richtschnur für die, die glauben, ein Ort des gemeinsamen Reflektierens darüber.

*Was nicht?*

Eine Instanz, die sich politisch zu wichtig nimmt und meint,
die Weisheit gepachtet zu haben.

*Wie wollen Sie sterben?*

Still und mit wenig Furcht.

*Wenn Sie in den Gottesdienst gehen: Was ist Ihnen wichtig?*

Das Sich-Zurückziehen an einem Ort, der Sicherheit und Ver-
lässlichkeit ausstrahlt. Die Demonstration dessen, dass Beruf
und Geld meist zu viel Gewicht bekommen, und die Erinnerung an die eigene Sterblichkeit.

· · · · · · · · · · · · · · · · · · · · · · · · · · · · · · · · · · · · · · · · · · ·

Er schrieb Bücher über Fußball und die Liebe, Fernbeziehungsberater
und erstellte eine Überlebensbibliothek: Der Berufsweg von **RAINER
MORITZ**, geboren 1958, ist gekennzeichnet durch seine reiche Begabung:
Nach Studium der Germanistik, Philosophie und Romanistik, Promotion
mit einer literaturwissenschaftlichen Arbeit, langen Jahre als Programm-
verantwortlicher in Verlagen (Reclam Verlag, Hoffmann und Campe u. a.)
leitet er heute das Literaturhaus Hamburg. Letzte Veröffentlichung: Dicht
am Paradies – Spaziergänge durch Pariser Parks und Gärten.

# Man darf an **DAS GUTE** *glauben*

**DAG MOSKOPP**

**D**er Buchtitel »Ich bin evangelisch« hat es in sich: »Ich bin«, schrieb ein marxistischer Jude, »aber ich habe mich nicht. Darum werden wir erst.« (Bloch 1963) Und »evangelisch« mag heißen: Ich stehe auf dem Boden der »guten Botschaft«, die man nach einem Rat des Heiligen Franz »unbedingt weitersagen soll, notfalls sogar mit Worten«. In diesem Sinne fühle ich mich durchaus als »lebenspraktisch evangelisch« und nach Dietrich Bonhoeffer dabei auch »von guten Mächten wunderbar geborgen«. Aber all das stimmte doch ebenfalls für gute »Katholiken«! Andererseits müsste wiederum der authentische »Protestant«, sofern er es mit dem gebotenen Ernst der Menschenkinder »ganzheitlich« meint, auch ein Stück »katholisch« sein – wenigstens der ursprünglichen Wortbedeutung nach. Und wenn er sich dann auch noch mit dem »ganzheitlich« auf die Ringparabel des Boccaccio bezieht, treffen die genannten Erwägungen selbstverständlich auf Muslime und Juden in ähnlicher

Weise zu – ganz zu schweigen von Mitgliedern fernöstlicher Religionen.

Darüber hinausgehend bedarf es zumindest einer gewissen Verarbeitungsphase, wenn man beispielsweise als Handwerkersohn aus einem Dorf im Rheinland nach Berlin kommt – Ostbahnhof-Milieu – mit den vielen »Einzelfällen« von Alkohol, Armut, Drogen, Vereinsamung… – und dort eine Klinik für Neurochirurgie leiten sowie mit Pflegekräften zusammenarbeiten darf, die von sich sagen: »Bibel? Kenn ick nich! Bin Atheist.« Auf diese Situation hat uns Paulus mit Römer 2,14 vorbereitet, indem er sinngemäß ausführt: »Du wirst Menschen treffen, die wissen nichts von der Bibel. Aber sie handeln so, als hätten sie die Bergpredigt verinnerlicht.« Mit dem opaleszierenden Salzkorn des Vorgenannten könnte man mich also tatsächlich als »evangelisch« zu Beginn des 21. Jahrhundert in Berlin-Mitte (Ost) bezeichnen.

»In der evangelischen Kirche« gibt es das Gute – ohne Frage. Aber der Geist des Urchristentums sollte wieder etwas zunehmender Einkehr halten – besonders dort, wo wir den vielfältigen Gegebenheiten offenkundiger Verwirrungen sowie den Phänomenen einer erstarrten Verwaltungskirche gegenüberstehen. Für Berlin gefragt: Weswegen werden Stellen in der Krankenhausseelsorge gekürzt? Den eingetragenen Verein evangelischer Frauen in Deutschland gefragt: Weswegen wird das klare und seriöse Hirntodkonzept in polemisierender Form und inhaltlich definitiv sach-unkundig angegangen? Für ganz Deutschland gefragt: Weswegen sind wir der drittgrößte Exporteur von Rüstungsgütern in der Welt, wo uns die Tochter eines evangelischen Pfarrers regiert und ein ehemaliger evangelischer Pfarrer präsidiert?

Ein handwerklich nicht ganz vollkommener Gottesdienst in der kleinen Kirche des Fünftausend-Seelen-Dorfes Bergfelde kann zu Tränen rühren, Kraft und Zuversicht geben, wenn einfache Christenmenschen ihn authentisch gestalten. Demgegenüber ist das Ambiente des Berliner Domes, diesem zu Stein geronnenen Repräsentationsgelüst von Wilhelm II., bisweilen in der Lage, beklommen zu stimmen. Etwa wenn dort Theologen bloß gelehrt ex kathedra dozieren. Und eigentlich immer, wenn man diese zentral postierte Statue von Calvin ertragen soll, der entgegen urchristlicher Gewohnheiten das Zinsennehmen hoffähig machte und auch durchsetzte, dass Michael Servet (u. a. Beschreiber des Lungenkreislaufes) hingerichtet wurde!

Meine Vorbilder waren meine Mutter, mein Vater, Johann Sebastian Bach, Dietrich Bonhoeffer, Albert Camus – schließlich Gottfried Brezger. Religiös sensibilisiert hat mich die Geschichte der ersten promovierten deutschen Chemikerin, Clara Immerwahr, die als Jüdin in den 1890er Jahren zum Protestantismus konvertierte. Sie war mit dem späteren Nobelpreisträger Fritz Haber verheiratet. Dessen Forschung zum Einsatz von Giftgas missbilligte sie als »Perversion der Wissenschaft« und erschoss sich am Tag der Feier zum Sieg in der 2. Flandernschlacht bei Ypern am 2. Mai 1915 im Garten ihrer Villa in Dahlem.

In der Diaspora-Gemeinde Niederbreisig am Rhein, in der ich groß geworden bin, arbeiteten Menschen. Einige von ihnen empfand ich damals als positiv idealistisch (etwa meine Blockflötenlehrerin, Diakonie-Schwester Margarete Bathen) – andere von ihnen als eher hölzern. Infolge meiner diesbezüglichen Unmutsbekundungen hat mich Pfarrer Fohrmann immerhin mehrfach zu Kindergottesdiensthelfer-Lehrgängen an die Mosel geschickt: Ich habe dabei viel, auch für das professionelle Leben lernen dürfen.

Ich nenne ein ungewöhnliches Beispiel aus meinem Beruf, der Neurochirurgie (= operative Behandlung von Erkrankungen des gesamten Nervensystems, dessen Adern und Hüllen). Der Leser mag es zwar als antizipierte Erfahrung abtun. Aber meines Erachtens hat es etwas mit »Glaube an – und Vertrauen in eine höhere, gute Macht« zu tun. – Stellen Sie sich etwa vor, es soll bei einem Patienten eine lebensgefährliche Aussackung einer Hirnschlagader ausgeschaltet werden, weil diese sonst platzen – und den Tod des Patienten nach sich ziehen könnte. Individualmedizinisch betrachtet wünscht sich jeder Patient, dass eine solche mikroneurochirurgische Operation ausschließlich der Erfahrenste der Klinik vornimmt – und das ist auch gut so! Aber selbst geschickte Operateure sterben bekanntlich. Insofern muss jeder Erfahrene nach kollektivmedizinischem Gebot auch Sorge dafür tragen, dass sein mikrochirurgisches Handwerk weitergegeben wird – irgendwann auch einmal an junge Neurochirurgen, die das zuvor in praxi noch nie gemacht haben. Und genau diese Situation bedeutet eine Prüfung des Glaubens, des Vertrauens für alle Beteiligten: Jeder Patient darf darauf vertrauen, dass er bestmöglich versorgt wird. Jeder Chef ist vollständig dafür verantwortlich, dass dies kompromisslos geschieht. Und der lernwillige junge Arzt soll optimal ausgebildet werden. – Es geht! Man darf an das Gute glauben. Man darf Gutes suggerieren – gegenüber anderen und gegenüber sich selbst. Und dann ist es am Ende so, wie es Dietrich Bonhoeffer einmal sinngemäß dargelegt hat: Es gibt zwar keine Garantiekarte, keine ex-ante-Zusicherung von Gott. Man muss sich ein jedes Mal – in oft kräftezehrender Konkretion – bemühen. Aber empirisch ist es durchaus zu erfahren und weiterzugeben, dass auch komplizierte Manöver in Kooperation mit jungen, verantwortungsbewussten Menschen umgesetzt werden können, wenn man glaubt und vertraut.

Wann ich bete? Mein Kompliment für Ihren Mut zu dieser feinen Frage an einen Arzt, der eine Klinik für Neurochirurgie im hoch-kompetitiven »Haifischbecken Berlin« zum stetigen Wohl der anvertrauten Patienten weiterentwickeln und in möglichst andauernder Blüte halten soll. Sie wissen, dass sein Tun im Internet-Zeitalter unter Namensnennung sowie Zeit-, Orts- und Detailangaben öffentlich gemacht wird – nicht nur von Wolfgang Herrndorf. In diesem Kontext möchten Sie vielleicht ergründen, ob er nach all den schweren Erkrankungen, die ihm zu Tag- und Nachtzeiten angetragen werden, nur noch Psalm 38 nachempfinden – oder ob er nach dem letzten Vers von Psalm 137 überhaupt noch die Psalmen als »das Gebetbuch der Bibel« akzeptieren kann (Bonhoeffer 1940). Der Autor hat bereits vorstehend sinngemäß von einer intra-operativen Form des Gebetes, nämlich der dialektischen Auseinandersetzung mit seinem Herrgott, berichtet. Und wir könnten weiter fragen: Was macht er eigentlich, wenn er ein

Aneurysma clipt? Der Herrgott hat schließlich dem von ihm geschaffenen Patienten diese todbringende Schlagaderbeere eingewebt. Und dieser Neurochirurg macht sich anheischig, dem lieben Gott diese frühe Todesoption des betroffenen Individuums erst einmal wegzunehmen. Was nimmt er sich damit eigentlich heraus? Etwas Gutes? Etwas Widernatürliches? Etwas Gotteslästerliches? – »Überwältigend unbeantwortbar!«

Nicht selten betet der Autor, aber anders als man vermuten mag: Morgens zwischen 5 und 6 Uhr – indem er in Gedanken Valéry und Rilke auf dem »Meeresfriedhof in Sète« besucht. Oder indem er mit seinem Freibassakkordeon (Supita B) in die Julimitte des Jahres 1720 nach Köthen zu Johann Sebastian Bach fährt, um ihn nach Details zu seiner Chaconne (BWV 1004,5) zu befragen (vergleiche: Helga Thoene 2001). Er schämt sich im Übrigen dieser Liebe zu geistreichen Partituren auch deshalb nicht, weil es kein geringerer als Albert Einstein gewesen ist, der am Abend des 12. Aprils 1929 in der Berliner Philharmonie nach der Darbietung der Violinkonzerte von Bach, Beethoven und Brahms durch Yehudi Menuhin unter Bruno Walter bekannt haben soll: »Nun weiß ich, dass es einen Gott im Himmel gibt.«

Es sind die alten Fragen – analog denen aus der »Pest« von Camus, die unbeantwortet bleiben: Warum schickt Gott so viele unvollkommen geschaffene Menschen ins Leben? Kinder mit Tumoren? Junge Menschen mit tödlichen Aneurysma-Blutungen? Ältere – die qualvoll siechen müssen? Warum? Es führt den Autor zwar nicht zur unauflösbaren Distanz zu den »guten Mächten«, aber es bleibt für ihn dennoch ein nicht geringes Unverständnis, das er wohl im Bewusstsein und unter Akzeptanz der absurdité aus- und in der Schwebe halten soll.

Wie ich sterben will? Das hat Dietrich Bonhoeffer sinngemäß bereits im Frühjahr 1943, drei Monate vor seiner Verhaftung durch die SS am 5. April, in der Marienburger Allee 43 dargelegt: »Noch lieben wir das Leben, aber ich glaube, der Tod kann uns nicht mehr sehr überraschen. Unseren Wunsch, er möchte uns nicht zufällig, jäh, abseits vom Wesentlichen, sondern in der Fülle des Lebens und der Ganzheit des Einsatzes treffen, wagen wir uns seit den Erfahrungen des Krieges kaum mehr einzugestehen.«

∙∙∙∙∙∙∙∙∙∙∙∙∙∙∙∙∙∙∙∙∙∙∙∙∙∙∙∙∙∙∙∙∙∙∙∙∙∙∙∙∙∙∙∙∙∙∙∙∙∙∙∙∙∙∙∙∙∙∙∙∙∙∙∙∙∙∙∙

Seine fünf Kinder sind selbstverständlich getauft: Prof. Dr. med. **DAG MOSKOPP**, geboren 1956, ist Direktor der Klinik für Neurochirurgie am Vivantes Klinikum in Berlin-Friedrichshain. Zuvor war der gebürtige Rheinländer mit Ausbildung an der Uni Bonn neurochirurgischer Oberarzt an der Uni Münster. Gastaufenthalte führten ihn nach Glasgow, Edinburgh, London, Chicago, Thessaloniki, Oporto, Amsterdam, Breslau und Magdeburg (DDR). Er erhielt den Cicero-Redner-Preis für Wissenschaft 1995 für die Antrittsvorlesung: Bibelbilder im Licht der Neurochirurgie. Publikationen in Auswahl: Moskopp/Wassmann (Hg.) (2014), Neurochirurgie – Handbuch für die Facharztausbildung, 2. Aufl.; Moskopp (2015) Zum Hirntod – Erfahrungen anhand von 427 eigenen Diagnostiken sowie Recherchen bis an die Schnittstelle zu einer potenziellen Organ- oder Gewebespende.

*Keep on* **GOING!**

ULRICH NOETHEN

*I*ch komme aus einem lutherischen Pfarrershaushalt, der sonntägliche Kirchenbesuch war obligatorisch und selbstverständlich. Meine Eltern haben mir etwas vorgelebt, was ich als ganz normal übernommen habe. Im Laufe der Zeit hatte ich immer mehr Fragen und Zweifel. In einer globalisierten Welt kann ich die Festlegung auf ein bestimmtes, menschengemachtes Glaubensbekenntnis nicht mehr

123

mitmachen. Ich kann anderen Menschen die Wahrheit ihrer Religion, so seltsam sie mir auch erscheinen mag, nicht absprechen. Meine Religion – mein Kulturkreis. Übrig geblieben ist mir aber – und das ist durch nichts zu ersetzen – ein Sich-angenommen-Fühlen und ein starkes Gefühl der Geborgenheit. Ich fühle mich aufgehoben, im übertragenen und im wörtlichen Sinn. Ich denke dabei an eine Geste, wie sie Eltern machen, wenn sie ein kleines Kind in die Arme nehmen.

Das Leben ist ein Geschenk. Dieser Gedanke rührt mich, da kommen mir Tränen in die Augen. Das allererste Mal hat mich dieses Gefühl der Rührung übermannt, als mein Vater seinen großen Abschiedsgottesdienst hatte und der Bischof Stationen aus seinem Leben vorgetragen hat. Das war wie ein Resümee, wie ein Begräbnis. Das Leben zieht an einem vorüber, und dann: Mehr oder weniger Gelungenes, Hoffnungen und Träume, die unerfüllt geblieben sind, man hat es so gut gemacht, wie man es vermochte, hat seinem Leben einen Sinn zu geben versucht – und dann ist es zu Ende. Todtraurig – grenzenlos komisch. Und sehr tröstlich. Keep on going!

. . . . . . . . . . . . . . . . . . . . . . . . . . . . . . . . . . . . . . . . . . . . . . . . . . . . . . . . . . . .

ULRICH NOETHEN wurde 1959 als Sohn eines evangelischen Pfarrers geboren. Einem breiten Publikum bekannt wurde er 1997 mit dem Film »Comedian Harmonists«. Noethen ist in seinen Rollen höchst wandelbar, verkörperte Bösewichte genauso wie den Kinderliebling Herrn Taschenbier in den »Sams«-Filmen oder den Katzenfreund Petterson. Zu seinen zahlreichen Auszeichnungen zählen Bayerischer Fernsehpreis, Deutscher Filmpreis, Bambi und Grimme-Preis. Der Vater von zwei Kindern lebt mit der Schriftstellerin Alina Bronsky und deren drei Kindern aus erster Ehe in Berlin.

## *Gottesdienst muss* AM WERKTAG *stattfinden*

CHRISTIAN NÜRNBERGER

M eine Mutter, eine einfache Bäuerin, hat mir drei Sorten von Geschichten erzählt, unwahre, halbwahre und wahre. Die unwahren, das waren die Märchen. Sagen und Legenden zählten zu den halbwahren, und die biblischen Geschichten, die sind wirklich passiert. Das habe ich dann wörtlich so geglaubt. Auch mir wurde erzählt: Der liebe Gott sieht alles. Aber im Gegensatz zu vielen anderen Müttern, die ihren Kindern damit ein Straf- und Aufpasser-Gottesbild einpflanzten, hat meine Mutter dieser Sache eine andere Wendung gegeben: Er muss alles sehen, damit er dich beschützen kann, sagte sie. Er sieht dann zwar auch, was du alles anstellst, aber erstens vergibt er dir, wenn du es hinterher bereust, und zweitens kann er bei kleinen Jungs auch mal fünfe gerade sein lassen. Kinder müssen lernen, machen dabei Fehler, und darum muss der liebe Gott besonders auf sie aufpassen. Der liebe Gott war mir daher tatsächlich ein lieber Gott, kein Kontrolleur, kein Angstmacher, sondern ein Beschützer, mit dem ich ständig wortlos betend alles besprach, was es zu besprechen gab. So wuchs ich unbehütet, aber geborgen auf. Der Religionsunterricht, mein »Gottbüchlein« und verschiedene Pfarrer verstärkten diesen Prozess. Ihnen bin ich dankbar bis zum heutigen Tag.

Ulla Hahn, die aus kleinen Verhältnissen kommt, schildert in ihrem autobiografischen Roman »Das verborgene Wort« eine katholische Kindheit, in der sie von zwei Instanzen geistig ernährt wird: dem Geschichten erzählenden Großvater und der Kirche. Ich habe das evangelische Gegenstück erlebt. Die Geschichten erzählende Mutter, die Schule, die Kirche und das Pfarrhaus waren für mich, das Bauernkind, der einzige Ort von Bildung und Kultur in meinem Dorf. Dort war man dem Alltag enthoben, dachte über Wesentliches nach, las Texte von hoher sprachlicher Qualität, sang Lieder, zündete Kerzen an, war durch die Teilnahme an Taufen, Hochzeiten, Beerdigungen eingebettet ins Werden und Vergehen. Durch die Sonn- und Feiertage bekam die Zeit einen Rhythmus, durch die Lieder, die dabei gesungen wurden, einen Klang, durch die geschmückten Häuser eine Gestalt, und durch die

Festtagsbraten, Kuchen, Plätzchen, Stollen einen Duft und

einen Geschmack. Ich wäre geistig und seelisch verwahrlost ohne diesen Ort der Kultur.

Die gute Nachricht des Christentums lautet: dass die Kirche eigentlich über das Wissen verfügt, das nötig ist, um diesen Planeten zu einem Ort zu machen, an dem kein Mensch verloren geht, für jeden gesorgt ist, jedes Kind seine Chance bekommt und aufgefangen wird, wenn es die Chance nicht nutzt oder nicht nutzen kann. Aber, und das ist die schlechte Nachricht, dieses Wissen wird nicht angewendet, nicht von den Kirchenleitungen, nicht von den Christen. Es wird nur geredet und gebetet.

Wovon ich mich distanziere? Vom Religiösen. Dogmatismus. Wunderglaube. Religion als eine Form von Aberglaube oder Volksheidentum. Das Verständnis von Gebet als magische Formel oder Zauberspruch, von dem man annimmt, er könne helfen, sich ein günstiges Schicksal zu verschaffen. Die Delegation der eigenen Weltverantwortung durch das Gebet an Gott. Die fromme Selbstgerechtigkeit, mit der die 150-Prozentigen in ihrem vermeintlich sicheren Wissen, was gut und böse ist, auf anderen herumtrampeln. Die Vergiftung durch Religion, die zu Kälte, Engherzigkeit, Spießertum, Aggression führt.

Es steht nicht in unserem Belieben zu sagen, was Kirche sein sollte. Das hat längst Gott gesagt: Volk Gottes. Er hat sich ein eigenes Volk herangezogen, das der Welt vorleben sollte, wie man leben muss, damit das Leben aller gelingt. Das, so scheint mir, ist in der Kirche in Vergessenheit geraten, und es wird auch kaum mehr gefragt, wozu eigentlich Gott ein eigenes Volk braucht.

Kirche ist keine Interessensgruppe unter anderen. Kein Verein zur Pflege religiösen Brauchtums. Kein Weltanschauungskonzern. Keine Funktionärsorganisation, die sich hauptsächlich mit sich selbst beschäftigt und den Rest der Zeit auf die Verwaltung der schrumpfenden Resttruppen verwendet. Keine verängstigte Loser-Truppe, die ihre Existenzberechtigung aus ihrer tatsächlichen oder vermeintlichen Nützlichkeit für die Gesellschaft ableitet, aus ihrer Moralkompetenz etwa, aus ihren sozialen Einrichtungen oder aus ihrer Funktion, religiöse Bedürfnisse zu befriedigen.

Irgendwann in meinem Leben, vor Jahrzehnten, hatte ich entschieden: Es ist vorbei. Ich gehe nicht mehr in den Gottesdienst, auch nicht an Weihnachten, auch nicht, wenn sich Pfarrer und Mitarbeiter alle Beine ausreißen, sich besonders innovativ gebärden, allerlei Entertainment-Talente vor den Altar schicken und jeden Gottesdienst zum Event machen. Das schreckt mich eher ab, weil sie mich damit als Konsumenten ansprechen, der irgendwelche religiösen Bedürfnisse hat, die sie zu erraten und zu befriedigen versuchen.

Dass ich mich seit Jahrzehnten kaum mehr in einen Gottesdienst verirre, hat aber nichts damit zu tun, dass mich irgendetwas stören würde oder ich etwas an den Pfarrern und Gläubigen auszusetzen hätte, sondern liegt in meinem Verständnis von Kirche und Gemeinde begründet. Der Gottesdienst am Sonntag erscheint mir nur sinnvoll, wenn ihm ein Gottesdienst der Gemeinde an den Werktagen vorausgegangen ist. Gottesdienst werktags hieße: Gemeinde aufbauen. Die lokal vor Ort vorhandenen Probleme lösen: Beseitigung der Armut, gute Wohnverhältnisse unabhängig vom Einkommen, Bildung der Benachteiligten, gesunde Ernährung, Ökologie, Energie, Krankenbesuche, Resozialisierung von Gefangenen, Betreuung von Flüchtlingen, Jobvermittlung für Arbeitslose und so weiter.

Das klappt aber schon lange nicht mehr, weil werktags kein Christ Zeit dafür hat. Von Montag bis Freitag hat ein Christ in der Bank, der Versicherung, im Labor, vorm Computer im Büro, im Schlachthof, auf dem Bau oder sonstwo einem

> » *Christen sind in unserer Wirtschaftsordnung zu einem* **FREIZEIT-CHRISTENTUM** *verurteilt.* «

anderen Gott zu dienen, dem Gott der Wirtschaft. Christen sind daher in unserer Wirtschaftsordnung zu einem Freizeit-Christentum verurteilt. Darum hat die Christenheit vor langer Zeit die Lösung der Probleme der Welt an die politische Gemeinde delegiert und an die Caritas und die Diakonie, die jedoch auch wiederum hauptsächlich aus staatlichen Geldern finanziert werden. Ich halte das für eine Fehlentwicklung, aber da es nun mal so ist, brauche ich auch nicht mehr das Ritual am Sonntag, an dem dann der Staat ermahnt wird, doch mehr für die Armen zu tun.

Die Lektüre der Sonntagszeitung, das Sonntagsfrühstück, das Gespräch mit meiner Frau, Telefonate mit den studierenden Kindern, mit Freunden, Verwandten und Bekannten, das alles ist mir dann an einem Sonntagvormittag wichtiger als jene Veranstaltung, die sich »Gottesdienst« nennt.

129

Daher glaube ich: Die Kirche wird eine Zukunft haben, wenn sich ihre Gemeinden auf eigene finanzielle Füße stellen, durch Arbeit, Handel und Produktion ein eigenes Einkommen erwirtschaften und damit den Armen helfen, statt dies immer nur vom Staat zu fordern und sich durch Eintreibung von Spenden an der Milderung des Elends zu beteiligen. Durch die Art ihres Wirtschaftens könnte die Kirche beweisen, dass eine andere Wirtschaft möglich ist als diejenige, die inzwischen als alternativlos empfunden wird. Würde die Kirche so etwas im Vertrauen auf Gott riskieren, könnte die Erfahrung gemacht werden, dass es wirklich wahr ist, dass Gott alle satt macht. Dann ginge ich auch wieder in den Gottesdienst, nicht nur am Sonntag.

Ich bezeichne mich halb im Ernst und halb im Scherz als »protestantischen Agnostiker« und weiß, dass einem solchen Kerl wie mir von meiner Kirche trotzdem noch ein Plätzchen am Rand zugestanden wird. Bei den Katholiken, so sehr ich manche von ihnen schätze, besonders den derzeitigen Papst, wäre für mich kein Platz mehr.

Für seine Porträts »Mutige Menschen: Widerstand im Dritten Reich« wurde er mit dem Deutschen Literaturpreis 2010 ausgezeichnet. **CHRISTIAN NÜRNBERGER,** 1951 in Lauf an der Pegnitz geboren, schloss eine Lehre als Physiklaborant ab, war vier Jahre bei der Bundeswehr, studierte einige Semester evangelische Theologie, Philosophie und Pädagogik und absolvierte die Henri-Nannen-Schule in Hamburg. Nach Stationen beim Wirtschaftsmagazin »Capital« und bei »highTech« ist er seit 1990 – mit Geburt des ersten Kindes – als freier Autor und Publizist tätig.

*Weg der*
*wahrhaften*
**FREIHEIT**

THOMAS RACHEL

*I*ch habe mich schon früh selber für die Fragen des
Glaubens und für alle Gespräche über »Gott und die Welt«
interessiert. Später sind bestimmte Menschen für mich wichtig geworden, so zum Beispiel der frühere Superintendent im
Kirchenkreis Jülich und spätere Präses der Rheinischen Kirche, Peter Beier, der eine wortgewaltige und bemerkenswerte
Persönlichkeit des deutschen Protestantismus gewesen ist. Es

hat sich gelohnt, mit ihm zu diskutieren und sich mit ihm über die Fragen des Lebens und Glaubens auszutauschen. Auf Anregung von Peter Beier bin ich dann später auch Landessynodaler in meiner Rheinischen Kirche geworden. Aus der Zeit im evangelischen Kindergarten und der evangelischen Grundschule habe ich viel Positives in Erinnerung. Auf dem Gymnasium bestand der Religionsunterricht dann im Wesentlichen aus Sexualkunde und Thesen zum Marxismus-Leninismus!

Als politisches Vorbild ist sicherlich Richard von Weizsäcker zu nennen. Seine ausgleichende und differenzierte Art, seine Fähigkeit, Brücken zu bauen, und die überzeugende Weise, sein evangelisches Christsein zu leben und seine politische Verantwortung wahrzunehmen, haben mich stets beeindruckt. Seitdem ich Bundesvorsitzender des Evangelischen Arbeitskreises der CDU/CSU (EAK) bin, ist mir auch Hermann Ehlers immer wichtiger geworden, den ich natürlich persönlich nicht mehr kennenlernen konnte. Ehlers gründete den EAK und auch Richard von Weizsäcker war viele Jahre lang Mitglied im EAK-Bundesvorstand. Im Jahre 2010 hatte ich dann die Ehre, dem Altbundespräsidenten die Hermann-Ehlers-Medaille des EAK überreichen zu dürfen. Das war ein für mich sehr bewegender Moment, an den ich gerne zurückdenke.

Die gute Nachricht des Christentums lautet für mich: Jesus ist Gottes Sohn. Er ist von den Toten auferstanden! Mit Ostern hat alles angefangen. Ostern ist der Grund all unserer Hoffnung. Das Leben und die Liebe, die beide von Gott kommen, sind stärker als Tod, Übel und Verzweiflung. Deshalb dürfen wir als Menschen zuversichtlich leben und getröstet sterben. Ich empfinde es immer wieder als sehr ermutigend, dass wir uns vor Gott gerechtfertigt wissen dürfen nicht aufgrund unserer Werke und Taten, sondern allein im Glauben. Der evangelische Weg ist für mich in ganz besonderer Weise der Weg der wahrhaftigen und wohlverstandenen Freiheit, die uns von Gott auf völlig unverdiente Weise geschenkt und immer wieder zugesprochen wird. Nichts kann uns von der bergenden und rettenden Liebe Gottes trennen. Und diese Liebe und Gnade bilden auch den Kompass für unser ganzes Leben. So, wie es Luther klassisch formuliert hat, sind wir als Menschen zur verantworteten Freiheit berufen: »Ein Christenmensch ist ein freier Herr über alle Dinge und niemand untertan. Ein Christenmensch ist ein dienstbarer Knecht aller Dinge und jedermann untertan.«

Mein Glaube ist mir immer wichtig, denn es gibt ja keinen Bereich des Lebens, der von Gott ausgenommen wäre. Alles, was mir widerfährt, Gutes oder Schlechtes, kann ich im Gebet vor Gott bringen. Ich bete täglich. Und als Christ in der Politik ist mir ganz besonders wichtig: Gerade auch der Glaube ist der entscheidende Wegweiser für meine evangelische Verantwortung in der Politik. Hermann Ehlers hat es – zeitlos gültig – einmal so ausgedrückt: »Die Verantwortung, die die Menschen für sich, für ihre Bürger, für die Gemeinschaft des Volkes tragen, muss eine andere sein, wenn sie nicht meinen, dass mit dem Tode alles aus ist, sondern dass ein letztes Gericht und eine letzte Gnade auf sie wartet. Wo es keine große Hoffnung gibt, gibt es auch keine vernünftige Politik.«

133

Mein beruflicher Alltag ist geprägt von mitunter nicht einfachen Entscheidungen. Wer politische Verantwortung hat, weiß, wie schwer es oft ist, eine verantwortliche Lösung für drängende Herausforderungen und Probleme zu finden. Mein Glaube gibt mir hierfür ganz viel Kraft, Zuversicht, Orientierung und auch ungemein viel Trost.

Meine Frau und ich wurden in einer wunderschönen katholischen Kirche in Nideggen (Eifel) in meinem Bundestags-Wahlkreis erst evangelisch und dann griechisch-orthodox getraut! Die Trauung war sozusagen »Ökumene pur«. Es war für uns auch selbstverständlich, unsere Tochter taufen zu lassen.

## » Kirche soll nicht selbst Politik machen, sondern POLITIK ERMÖGLICHEN. «

Es ist wie auch mit allen anderen Dingen bei der Erziehung der eigenen Kinder: Was man selbst im Herzen trägt, hat eine gute Chance, dass es auch für die nächste Generation attraktiv ist.

Zum lebendigen Glauben gehört immer auch der Zweifel. Das schließt ein, dass man von Zeit zu Zeit auch mal mit seiner Kirche oder Einzelnen in dieser hadern kann. Auch das kann schwere Anfechtung bedeuten: »Leiden an der Kirche«, wie es Helmut Thielicke einmal formuliert hat. Wenn meine Geschwister im hauptamtlichen Verkündigungsdienst zum Beispiel bloß wohlfeile Ermahnungen an die Politiker richten, einfache Moralpredigten halten oder parteipolitische Präferenzen durchscheinen lassen, werde ich schon mal nervös. Denn es ist ein Unterschied, ob man in der direkten politischen Verantwortung steht oder – um noch ein letztes Mal Hermann Ehlers zu zitieren – »sich von der Mitarbeit und dem Hineingehen in die gleiche Verantwortung peinlich fernhält, um in Neutralität und Objektivität umso gründlicher darüber urteilen zu können«. Außerdem ist die Kirche zur parteipolitischen Neutralität verpflichtet. Um aber hier nicht missverstanden zu werden: Es ist sehr wichtig, wenn die Kirche eben das rechte Wort zur rechten Zeit spricht, denn das braucht unsere Gesellschaft und auch die Politik. Sie soll aber – wie schon so oft treffend gesagt worden ist – nicht selbst Politik machen, sondern Politik ermöglichen. Die Kirche soll Künderin der frohen Botschaft, Trost- und Hoffnungsgemeinschaft sein, Licht für diese Welt, Salz der Erde und Vorbild für ein anderes und besseres Leben im Geiste Gottes. Keine bloße Amtskirche, geistlose Institution oder reine Moralverkündigung.

Im Gottesdienst ist mir wichtig, getröstet und inspiriert in den Sonntag zu gehen. Ich möchte aus dem Gottesdienst nicht noch schwerer beladen gehen, als ich schon hineingegangen bin.

. . . . . . . . . . . . . . . . . . . . . . . . . . . . . . . . . . . . . . . . . . . . . . . . . . . . . . .

**THOMAS RACHEL,** geboren 1962, MdB, ist seit 2003 Bundesvorsitzender des Evangelischen Arbeitskreises der CDU/CSU (EAK), Parlamentarischer Staatssekretär im Bundesministerium für Bildung und Forschung (BMBF), Landessynodaler der Ev. Kirche im Rheinland und stellvertretender Synodaler der Evangelischen Kirche in Deutschland (EKD).

## *Mit Haut und Haaren*
# EVANGELISCH

**REINHOLD ROBBE**

*I*ch fühle mich »mit Haut und Haaren« evangelisch, genauer gesagt: evangelisch-reformiert. Mit zunehmendem Alter hat sich dieses Gefühl verfestigt; insbesondere durch meine politische Arbeit in unterschiedlichen Verantwortungen, zuletzt als Wehrbeauftragter des Deutschen Bundestages. Die katholische Kirche hingegen ist mir weitgehend fremd; neben anderen Anachronismen scheint sie völlig unfähig zur Ökumene zu sein, was ich für eine Zumutung und Gefahr für die Einheit des Christentums halte.

Getauft wurde ich am 5. Dezember 1954 in der evangelisch-reformierten Kirche zu Bunde/Ostfriesland, selbstverständlich nach dem Taufritus für reformierte Gemeinden, das heißt im Rahmen eines sonntäglichen Gemeindegottesdienstes.

Für den Glauben sensibilisiert hat mich meine religiöse und politische »Ziehmutter«, das war die inzwischen leider verstorbene Frau unseres Gemeindepastors in Bunde. Sie und ihr Mann haben mich als Heranwachsenden davor bewahrt, mich von der Kirche abzuwenden. Meine reformierte Gemeinde erlebte ich als Kind und Jugendlicher sehr umfassend, ich fühlte mich behütet und eingebettet in diese Gemeinschaft. Das begann mit dem reformierten Kindergarten, setzte sich fort im Kindergottesdienst, im Konfirmandenunterricht und dann in den Jugendgruppen bis hin zu meinen ehrenamtlichen Aufgaben, die ich später in der kirchlichen Gemeindevertretung und in der diakonischen Arbeit wahrnahm, dort vor allem in der Behindertenbetreuung. Neben der genannten »Ziehmutter« Helene Junker (Tochter von Hermann Immer, dem »Arbeiterpastor aus Emden«) und ihrem Mann Johannes Junker waren und sind mir Dietrich Bonhoeffer und Karl Barth wesentliche Vorbilder.

Die gute Nachricht übersetze ich so: dass wir Christen durch Gottes Sohn Jesus Christus berufen und gefordert sind, das Evangelium nicht nur weiterzutragen, sondern in dieser realen Welt umzusetzen. Mein Glaube ist mir immer dann wichtig, wenn ich den »lieben Gott« wirklich dringend nötig habe. In Grenzsituationen meines Lebens und wenn ich mich mit meinen Schwestern und Brüdern vereint weiß in

**REINHOLD ROBBE**

der Solidarität der evangelischen Christen. Mein Christsein hat im Alltag eine grundsätzliche Bedeutung. Ich versuche, als Christ zu leben, meinen Nächsten so zu achten, wie er ist. Ich versuche, in erster Linie das Gute im Menschen zu sehen und mit fröhlichem und heißem Herzen die Herausforderungen des Lebens zu meistern.

Selbstverständlich bin ich auch christlich getraut. Wie ich sterben will? Ich wünsche mir einen Tod ohne großes Leiden und vereint mit meinem Mann und den liebsten Menschen.

Kirche soll so etwas wie »Heimat« (die Plattform, das Dach, das Haus, die Hülle…) für die Gemeinschaft der Christen sein. Dabei sollte sie sich nicht als statische, sondern als dynamische Institution verstehen, die in der Lage ist, die Veränderungen der Gesellschaft und der Welt immer wieder neu aufzunehmen und in konkrete Handlungsempfehlungen umzusetzen.

Die größte Herausforderung für die Kirche sind die gesellschaftlichen und politischen Umwälzungen, die oftmals von der Kirche bewusst oder unbewusst ignoriert werden, sodass Christen sich nicht mehr identifizieren können mit ihrer Kirche. Nicht zuletzt deshalb predigen viele Pastoren vor leeren Bänken. Darüber hinaus muss Kirche sich schützend vor alle Menschen stellen, die auf fremde Hilfe angewiesen sind, bei uns im Land und überall in der Welt. Sie sollte nicht durch ein starres Amtsverständnis theologisches Mittelmaß verbrämen, und ihre Verantwortlichen dürfen die Augen vor der Realität nicht verschließen. Die Kirche darf sich nicht um die Brennpunkte dieser Welt »herummogeln«, sondern soll die

Herausforderungen – wo immer sie sich stellen mögen – mit fröhlicher Glaubensüberzeugung zu bewältigen versuchen.

Für uns Reformierte steht das Wort bekanntlich im Mittelpunkt. Deshalb: Mich erfreut eine richtig »starke« Predigt im Gottesdienst, von der ich etwas mitnehmen kann. Mich stört hingegen eine schwache Predigt ohne »Tiefgang« und Konkretion. Mich ärgern Theologen, die mit ihrer »sanftmütigen Rhetorik« und leeren Worthülsen ihre Gemeinde langweilen, oder sie in Gemeinplätze einlullen, die eher zu Wellnesszwecken als zu gedanklicher Inspiration geeignet sein mögen. Hierzu zähle ich auch vordergründiges »Politisieren« von einer vermeintlich hohen moralischen Warte herab. Was mich zunehmend auch stört, sind zu viele »Anleihen« aus der lutherischen Liturgie, die sich der katholischen sehr verwandt zu fühlen scheint. Dagegen erfreue ich mich an wunderbaren »Gassenhauern« der Kirchenmusik von Paul Gerhardt bis Siegfried Fietz.

Für seine politischen und gesellschaftlichen Verdienste wurde er vielfach ausgezeichnet: **REINHOLD ROBBE,** geboren 1954, war von 1994 bis 2005 Mitglied des Deutschen Bundestages und anschließend bis Mai 2010 dessen Wehrbeauftragter. Der SPD-Politiker ist Präsident der Deutsch-Israelischen Gesellschaft und seit 2013 Honorarkonsul der Republik Ruanda in Deutschland. Darüber hinaus ist der gelernte Verlagskaufmann heute als Regierungsberater im Rahmen der Entwicklungszusammenarbeit tätig. Sein Lebenspartner ist der Opernregisseur Freo Majer (im Foto S. 136 rechts, dazu die Patenkinder Delia und Konstantin).

## Ich muss mich SCHON SELBST einlassen

**MICHAEL ROTH**

**M**an kann nie tiefer fallen als in Gottes Hand. Diese Hoffnung beruhigt mich. Und nicht die vielen guten Werke, ein frommes Leben bringen uns Gott automatisch nahe. Es ist die Gnade Gottes, die uns zu seinen Freunden und Kindern macht. Ich irre und täusche, ich enttäusche und fehle. Aber es gibt die berechtigte Erwartung auf Vergebung! Das ist eine echt gute Nachricht!

Ich bin evangelisch geprägt. Und dazu stehe ich. Das Prinzip der »versöhnten Verschiedenheit« mit der katholischen Kirche ist mir wichtiger als die Ökumene um fast jeden Preis. Evangelisch zu sein, ist stets mit einer Zumutung verbunden: Ich darf nicht warten auf die Ansagen von oben. Ich muss mich schon selbst einlassen und befassen. Es ist bisweilen mühselig. Aber es lohnt. Im Kleinen wie im Großen eröffnet mir der Glauben, mich kritisch zu befragen, mein Handeln zu beleuchten, mich dem Lärm der permanenten Kommunikation zu entziehen. Ich bekenne mich auch öffentlich zu meinem Glauben. Aber ich trage ihn nicht selbstgefällig vor mir her. Dogmatismus ist mir zuwider: wenn die Kirche moralisierend und belehrend auftritt, wenn ihr Formate des Lebens wichtiger sind als die Qualität des Zusammenlebens. Ich stehe den evangelikalen Bewegungen sehr skeptisch gegenüber. Fundamentalismus – gleich in welcher Religion – macht mir Angst.

Meine Großmutter Mathilde Pielert hat mein Leben bis zu ihrem Tod im Jahr 2004 stark geprägt. Sie war eine fromme Frau, ohne frömmelnd zu sein. Sie kam aus der Landwirtschaft und hat ihr ganzes Leben schwer gearbeitet. Rituale waren ihr wichtig. Sie ging vierzehntägig in den Sonntagsgottesdienst und als Kind wurde mit mir gebetet, jeden Abend. Sie las täglich die Herrnhuter Losungen und war in der Evangelischen Frauenhilfe aktiv. Für meine Oma war der Glaube ein selbstverständlicher Teil des Lebens. Darüber machte man kein Aufhebens. Es war schlicht so.

Ich bin gerne in den Kindergottesdienst gegangen und die Kinderbibel hat mich fasziniert. Sie hat mich neugierig gemacht vor allem auf das Alte Testament mit seinen spannenden Geschichten. Bereits mit zehn Jahren las ich in der Bibel. Auch wenn ich bei Weitem nicht alles verstand, wollte ich den teilweise brutalen, mich verstörenden Abenteuern von Noah, Jakob, David oder Simson auf den Grund gehen. Ich erinnere mich auch gerne an den Religionsunterricht. Ja, und dann gab es Pfarrerinnen und Pfarrer, die einen bewegt haben. Als Jugendlicher war ich über Freundinnen und Freunde in die Arbeit der evangelischen Jugendgruppe eingebunden. Das war das einzige Angebot für junge Leute in meinem Heimatort. Nach meinem Abitur war ich weit von der organisierten Kirche entfernt. Ich war eher ein Zweifelnder als ein Gläubiger. Die Annäherung erfolgte erst wieder nach meinem Einzug in den Bundestag.

Ich möchte niemanden mit meinem Glauben bedrängen. Aber ich sehe mich eben auch als »Kulturchrist«. Es ist mir wichtig, die Prägung unseres Lebens durch das Christentum als Bereicherung zu empfinden – auch für Nichtchristen! Der Sonntag als Ruhetag – in meinem Fall allzuoft nicht mehr als ein frommer Wunsch! Unsere Feiertage, die wir über Weihnachten hinaus bewusst feiern. Beispielsweise ist mir das Osterfest sehr wichtig. Die Karwoche mit den ruhigen, stillen Momenten, der Karfreitag und dann ein fröhlicher Ostergottesdienst mit anschließendem Frühstück. Das finde ich großartig! Auch Menschen, die nicht gläubig sind, können sich vom Zauber der christlichen Feste anstecken lassen.

Eine ordentliche Predigt und das Singen der Klassiker sind mir im Gottesdienst wichtig: »Du meine Seele singe…«, »Geh aus, mein Herz…« oder »Es ist ein Ros entsprungen…« Das gefällt mir! Ringelpiez mit Anfassen, laumichelige Predigten und Kirchenrock – lasst es bitte! Manchmal verweigere ich mich im Gottesdienst dem kollektiven Gebet, weil ich in dem Moment keinen »Draht« zu Gott finde. Selten bete ich allein für mich. Meistens abends im Bett vor wichtigen Entscheidungen. Oder beim Laufen durch Wald, Feld und Flur. Ich bete für meine Liebsten. Dass sie behütet bleiben. Und ich lebe in der Hoffnung, ohne all zu große Angst einst sterben zu können und ein paar Spuren hinterlassen zu haben.

Als ganz unspektakulär bezeichnet **MICHAEL ROTH** seine Taufe 1970 wenige Wochen nach seiner Geburt in Heringen, einem kleinen Bergbaustädtchen in Nordosthessen. Seit 1998 ist der Diplom-Politologe direkt gewählter Bundestagsabgeordneter für den Wahlkreis Werra-Meißner-Hersfeld-Rotenburg. Der Bundesregierung gehört der Sozialdemokrat seit dem 17. Dezember 2013 als Staatsminister für Europa im Auswärtigen Amt an. Roth ist u. a. Beauftragter der Bundesregierung für die deutsch-französischen Beziehungen und Aufsichtsratsvorsitzender des Zentrums für internationale Friedenseinsätze (ZIF). Er engagiert sich ehrenamtlich als Mitglied der Synode der Evangelischen Kirche von Kurhessen-Waldeck und ist Mitglied der Kammer für öffentliche Verantwortung der EKD.

MICHAEL ROTH

*War* **DAS** *gut?*

KATHARINA SAALFRANK

*I*ch glaube an einen liebenden Gott, an einen verzeihenden Gott, der mich auf dem Weg hält. Der mich morgens aus dem Spiegel anguckt und mich fragt: War das gut? Oder auch sagt: Das war nicht so gut. Manchmal macht man ja Dinge, die nicht so gut waren. Und dann kann ich ins Zwiegespräch gehen und überlegen: Warum war das so? Ich habe ein inniges Verhältnis zu meinem Gott. Er hat mir immer viel Kraft gegeben. Ich habe in meinem Leben oft an Stellen gestanden, an denen ich dachte: Es geht nicht weiter. Ich war jung, als ich schwanger wurde, ich war 21 Jahre alt. Mein Mann und ich hatten gegen große Vorbehalte in unserem Umfeld zu kämpfen – und wir hatten sehr wenig Geld. Das war nicht immer einfach. Ich habe an uns geglaubt und an unseren Weg, aber irgendwie war da noch mehr: eine Sicherheit, dass es weitergeht.

Mit Martin Luther, seiner Geschichte und seinem Wirken bin ich quasi aufgewachsen. So bin ich in der Wiesbadener Lutherkirchengemeinde großgeworden, wo natürlich Luther oft im Mittelpunkt stand. Auch bei uns zu Hause war Luther oft Gesprächsthema, seine Nacht im Gewitter habe ich als kleines Mädchen oft erzählt bekommen und habe den Schwur Luthers mitten in der Nacht und das, was daraus erwachsen ist, bis heute als eindrücklich empfunden.

. . . . . . . . . . . . . . . . . . . . . . . . . . . . . . . . . . . . . . . . . . . . . . . . . . . . . . . . . . . . . .

KATHARINA SAALFRANK, geboren 1971, ist als »Die Super Nanny« Deutschlands bekannteste Pädagogin geworden. 2007 erhielt Katharina Saalfrank den Deutschen Fernsehpreis. Sie hat vier Söhne und lebt mit ihrem Mann in Berlin.

*Wenn die **KIRCHE** nicht Gemeinde ist, ist sie nicht*

BERNHARD SCHLINK

*Wann und wie sind Sie getauft worden?*

Ich wurde 1944 getauft, von meinem Vater, damals Pfarrer an der Neustädter Kirche in Bielefeld, bald nach meiner Geburt, das genaue Datum weiß ich nicht.

*Wer hat Sie religiös sensibilisiert?*

Das Elternhaus mit der morgendlichen Lektüre der Losungen der Brüdergemeine, der abendlichen Lektüre der Bibel, dem

Singen Bach'scher Choräle, dem Feiern von Hausandachten, den gemeinsamen Kirchgängen und dem Nachtgebet, zu dem mich meine Mutter als Kind anhielt.

*Wie erlebten Sie die evangelische Kirche in Ihrer Kindheit und Jugend?*

Die evangelische Kirche war als Ort von Gottesdiensten, musikalischen und anderen Veranstaltungen eine Fortsetzung des Elternhauses. Im Kindergarten war ich nicht, der schulische Religionsunterricht war oft schlecht, der Konfirmandenunterricht war gut, aber die Einrichtung der Konfirmation leuchtete und leuchtet mir nicht ein, und die Evangelische Jungenschaft war eher Jungenschaft als evangelisch.

*Welche Vorbilder haben Sie geprägt?*

Ich hatte keine Vorbilder. Geprägt haben mich Menschen, die mir nahe waren: meine Eltern, mein Schweizer Großvater, auf der Schule eine frühe Mathematiklehrerin und ein später Griechischlehrer, auf der Universität der eine und andere Professor, besonders mein Doktor- und mein Habilitationsvater, meine Freunde.

*Was ist für Sie die gute Nachricht des Christentums?*

Dass ich in dieser Welt nicht von dieser Welt bin.

*Fühlen Sie sich »evangelisch«?*

Eher protestantisch als evangelisch – vielleicht weil ich viel in Amerika bin und dort zu den protestants und nicht zu den evangelicals gehöre. Aber vielleicht auch nicht nur deshalb; ich mag, dass der Begriff Protestant auf die Protestation der evangelischen Stände auf dem Reichstag zu Speyer im Jahr 1529 und auf deren Berufung auf die Glaubensfreiheit zurückgeht.

*Wann ist Ihnen Ihr Glaube wichtig?*

Wenn ich mich in der Gemeinschaft der Gläubigen erlebe, besonders im Gottesdienst, auch im Gottesdienst in einem fremden Land und einer fremden Stadt – ich gehe gerne in die Kirche, wenn ich in der Fremde bin.

*Sind Sie christlich getraut?*

Nein. Aber wenn ich noch einmal heiraten würde, würde ich mich christlich trauen lassen.

*Welche Bedeutung hat Ihr Christsein im Alltag?*

Was ihr für einen meiner geringsten Brüder getan habt, das habt ihr mir getan – für mich bedeutet es, dass nichts, das ich für andere tue, vergebens ist, und fordert mich auf, für andere da zu sein. Dabei weiß ich nicht einmal, wer Christus, der den Satz spricht, wirklich ist; der Satz hat seine Kraft, auch ohne dass ich es weiß.

*Wann beten Sie?*

Manchmal vor dem Essen, manchmal vor dem Einschlafen.

*Was bewirkt, dass Sie sich von Ihrer Religion distanzieren?*

Ich distanziere mich nicht von ihr. Sie rückt von mir weg. Zwar verstehe ich, dass die christliche Botschaft immer wieder in psychologische Einsichten und psychotherapeutische Ratschläge übersetzt wird – es ist schwer, von ihr anders als in Übersetzungen zu reden, und Psychologie und -therapie bieten heute die gängige Sprache für seelische Erfahrungen. Aber so erreicht mich die christliche Botschaft nicht mehr, auch nicht durch Hinzufügung von politischen und sozialen Aufforderungen. Überdies haben Psychologie und -therapie, die Politik und das Soziale anderswo bessere Orte und bessere Vertreter.

*Was sollte die Kirche Ihrer Meinung nach sein?*

Gemeinde, vor Ort in präsenten Pfarrern oder Pfarrerinnen und guten Gottesdiensten erlebbar.

*Was nicht?*

Sie mag sonst sein, was immer sie will – wenn sie nicht Gemeinde ist, ist sie nicht.

*Wie wollen Sie sterben?*

So, dass ich davor noch Abschied nehmen kann.

*War und ist es für Sie selbstverständlich, Ihr Kind taufen zu lassen?*

Nein. Das sollte mein Sohn selbst entscheiden.

*Wenn Sie in den Gottesdienst gehen: Was ist Ihnen wichtig? Was stört Sie?*

Wichtig sind mir die Predigt, die Gebete, die Lieder. Was mich umgekehrt stört und aus den Gottesdiensten der entsprechenden Pfarrer und Pfarrerinnen treibt, sind gedanken- und lieblose Predigten und Gebete. Ich verstehe, dass für die gehörige Predigtvorbereitung oft die Zeit fehlt – dann sollen Pfarrer oder Pfarrerin lieber eine Predigt von Bonhoeffer vorlesen als ihr schlechtes Eigenes.

. . . . . . . . . . . . . . . . . . . . . . . . . . . . . . . . . . . . . . . . . . . . . . . . . . . . . . .

BERNHARD SCHLINK hat zwei Lebensläufe zu verzeichnen. Er lehrte Öffentliches Recht, Sozialrecht u. a. in Berlin und war Richter am Verfassungsgerichtshof des Landes Nordrhein-Westfalen. Einer großen Öffentlichkeit bekannt wurde Bernhard Schlink als Schriftsteller, zunächst durch seine Kriminalromane um den Privatdetektiv Selb und 1995 durch den preisgekrönten und verfilmten Roman »Der Vorleser«. Weitere Veröffentlichungen sind u. a. die Erzählungssammlungen »Liebesfluchten« und »Sommerlügen«.

# *Du kannst für die* GUTE NACHRICHT *begeistern*

**CHRISTIAN SCHMIDT**

Ich wurde zwei Wochen nach meiner Geburt in meiner Heimatgemeinde Obernzenn in Mittelfranken getauft. Mein Taufspruch heißt: »Ich habe keine größere Freude denn die, dass ich höre, wie meine Kinder in Wahrheit wandeln.« (3. Johannes 4)

Mein Umfeld war sehr stark lutherisch und pietistisch geprägt; in Schule und Familie lernte ich nüchternes Protestantentum und Gottesfurcht kennen. Meine Kindergartenzeit mit einer Neuendettelsauer Diakonisse als unserer »Tante Jette« war in diesem Sinne prägend. In der ländlichen Gemeinde waren Jungschar, Kontakt mit dem CVJM und dann der Jugendkreis, den ich zeitweise geleitet habe, nicht nur pietistisch streng, sondern gemeinschaftsbildend und gaben uns viel Spaß und Freude. Der Pfarrer war Respektsperson, die Geschichten von Albert Schweitzer und Dietrich Bonhoeffer haben mich sehr beeindruckt.

Was für mich die »gute Nachricht« ist: Du bist nicht allein,

Gott sorgt sich um dich – und lebe so, wie es die vielfältige Welt von dir fordert, ohne zu vergessen, dass du für die gute Nachricht begeistern und gewinnen kannst! Ich fühle mich »evangelisch« – auch und gerade ökumenisch, weil meine Frau katholisch ist. Wir wurden in Frankfurt am Main von zwei beeindruckenden Pfarrern und Predigern getraut (auch der katholische Pfarrer war ein guter Prediger – so was gibt's!). Für meine Frau und mich stand niemals zur Frage, unsere Kinder taufen zu lassen, das war selbstverständlich.

Mein Glaube ist wichtig, sowohl, wenn es nicht so gut geht, als auch dann, wenn es gut geht, ich aber als selbstkritischer Protestant mein Tun an den Wertmaßstäben messen und manchmal neu ausrichten muss. Ich lese morgens die Herrnhuter Losungen, versuche sie am Tag zu denken und im Gefühl der Zuversicht zu haben. Ich bete abends vor dem Einschlafen und manchmal tagsüber und im Gottesdienst.

Distanzieren von meiner Kirche möchte ich mich nur manchmal, wenn protestantische Selbstgewissheit in Selbst-

> »*Die Kirche sollte* **ORIENTIERUNGSORT** *für Kernfragen des Glaubens sein.* «

gefälligkeit übergeht – und bei manchen Erfahrungen im politischen Diskurs und im Alltag. Die Kirche sollte Sammlungs- und Orientierungsort für Kernfragen des Glaubens sein und kein im Wortsinne wertloser »Beliebigkeitsverein«, der in der eifrigen Bemühung, ja keine Konvulsion des Zeitgeistes zu verpassen, sich als unverortbar gibt.

151

CHRISTIAN SCHMIDT

Als jahrelanger Gottesdiensthelfer und »kleiner« Lehrer stört mich im Gottesdienst ab und zu manches, eher Organisatorisches; es kümmert mich der manchmal zu erlebende bemühte, aber nicht immer erfolgreiche Versuch, durch neue Formen attraktiver zu werden. Ich gehe aber gerne als ganz normaler Christ in einen ganz normalen Gottesdienst.

Wie ich sterben will? In Frieden mit meiner Familie, meiner Umwelt, mit mir und in Erwartung der Gnade Gottes.

· · · · · · · · · · · · · · · · · · · · · · · · · · · · · · · · · · · · · · · · · · · · · · · · · · · · · · · · · · · ·

**CHRISTIAN SCHMIDT,** geboren 1957 in einer Bäckerfamilie in Obernzenn, Rechtsanwalt, ist seit 1990 Mitglied des Deutschen Bundestages. Im Mai 2010 wurde er zum Landesvorsitzenden des Evangelischen Arbeitskreises der CSU, ein Jahr später zum stellv. Bundesvorsitzenden des EAK der CDU/CSU gewählt. Seit Oktober 2011 ist er stellv. Parteivorsitzender der CSU. Von 2005 bis 2013 war Schmidt Parlamentarischer Staatssekretär beim Bundesminister der Verteidigung, von Dezember 2013 bis Februar 2014 Parlamentarischer Staatssekretär beim Bundesminister für wirtschaftliche Zusammenarbeit und Entwicklung. Seit Februar 2014 ist Christian Schmidt Bundesminister für Ernährung und Landwirtschaft. Mit seiner Frau, Dr. Ria Schmidt, hat er zwei Töchter.

## SUCHEND *und* ZWEIFELND

### GERHARD SCHRÖDER

**H**aben Sie eine Vorstellung von Gott? Das ist eine
Frage, über die ich ungern rede – und mit der ich
nicht fertig bin. Ich begreife mich sozusagen als Suchenden
und gleichwohl Zweifelnden. Ich denke, dass uns auch in den
Zweifeln ein Bild Gottes erscheinen kann, so verstehe ich das
jedenfalls, und damit kann ich gut leben. Vor Menschen, die
im Glauben Halt finden, die dieses Gottvertrauen haben, das

mir – noch – fehlt, habe ich aber großen Respekt. Und was mir am Protestantismus vor allem gefällt, ist die Klarheit, die Nähe zur Vernunft und die Abwesenheit von Brimborium. Trotz meiner Zweifel habe ich zu keinem Zeitpunkt erwogen, aus der Kirche auszutreten. Auch weil in der Kirche und der Diakonie so viele Menschen eine großartige Arbeit leisten. Als Bundeskanzler habe ich nie um den Beistand Gottes gebeten. Auf die Idee, politische Entscheidungen aus einem Zwiegespräch mit Gott abzuleiten oder Kritik mit Gottes Hilfe zu verarbeiten, wäre ich nie gekommen.

GERHARD SCHRÖDER, geboren 1944, war von 1990 bis 1998 Ministerpräsident von Niedersachsen und von Oktober 1998 bis November 2005 der siebte Bundeskanzler der Bundesrepublik Deutschland. Von 1999 bis 2004 war er Vorsitzender der SPD. Seit dem Ende seiner politischen Karriere ist er als Rechtsanwalt sowie in verschiedenen Positionen in der Wirtschaft tätig, unter anderem als Vorsitzender des Aufsichtsrats der Nord Stream AG (Ostsee-Pipeline) und als Lobbyist.

## *Durch die Kirche*
## **ZUR SPRACHE** *gefunden*

. . . . . . . . . . . . . . . . . . . . . . . . . . . . . . . . . . . . . . . . . . . . .

REINHARD SCHULZ

*I*n ländlicher Umgebung in einem Dreigenerationen-Haushalt aufgewachsen, stammten alle religiösen Impulse von meiner Mutter und meiner Oma mütterlicherseits. Ich bin sehr gerne in einen christlichen Kindergarten in unserem Gemeindehaus mit täglichem Singen und Beten gegangen. Den nachhaltigsten Eindruck haben während meiner Pubertät die Mitwirkung in der Jungschar und die vorzeitige Aufnahme in die Jungenschaft durch einen Diakon hinterlassen, an dessen Namen (Hömann) ich mich bis heute erinnern kann. Bei ihm hatte der Gesprächskreis über spannende Themen einen sehr hohen Stellenwert und ich habe als eher schüchternes Kind »vom Lande« dort zu meiner Sprache gefunden, die damals meine Schulleistungen in einer Realschule verbesserte und mich bis heute, wie ich glaube, durch mein Berufsleben trägt. Bei der Konfirmation erinnere ich mich an das Pauken von Kirchenliedern und Psalmen, das in einer im Rückblick streng anmutenden und Angst erzeugenden Prüfung durch Pfarrer und Presbyter mündete.

Als Kind aus einem bildungsfernen Milieu waren für mich in Kindheit und Jugend die Personen besonders wichtig, die diesen von mir frühzeitig als eng empfundenen Rahmen so wie mein Onkel Willi Koch (Bruder meiner Mutter) zu sprengen versuchten. Selber Elektriker bei den Stadtwerken Bielefeld, besaß dieser Onkel »den Brockhaus«, bildete sich ständig fort und hat mich als Erster mit der Fotografie, einer meiner großen Leidenschaften bis heute, in Verbindung gebracht. Zu Beginn meines Studiums an der Uni Bielefeld war es dann der Philosoph Erich Christian Schröder, ehemals Rektor der in die Universität Bielefeld integrierten PH, der mir als Kriegsversehrter (der eigentlich Mediziner werden wollte) durch seine Persönlichkeit und seinen pädagogischen Stil mehr als alle späteren Dozenten glaubhaft machen konnte, dass Philosophie und Leben nicht voneinander zu trennen sind. Heute ist es der Philosoph Karl Jaspers, der diese Vorbildfunktion erst übernehmen konnte, nachdem er mir in meiner eigenen Forschungstätigkeit zum Thema geworden ist.

Lange Zeit hat sich mir die Frage, ob ich mich evangelisch fühle, aufgrund einer sehr rationalen Ausbildung (erst Handwerk, dann Studium der Biologie und Philosophie) nicht gestellt. Erst durch meine späte Vaterschaft mit 40 Jahren, dem Bewusstsein des Älterwerdens und neuerdings durch meine Mitgliedschaft in der Synode würde ich ein solches »Gefühl« zugestehen wollen, das ich als durch und durch gemeinschaftlich erlebe.

Durch die Beschäftigung mit Karl Jaspers ist mir der Glaube vor allem philosophisch wichtig geworden. Diese akademische Erfahrung strahlt auch immer mehr auf mein tägliches Leben aus und hilft mir, mit schwierigen Situationen besser fertig werden zu können. Während ich als Kind täglich vor dem Einschlafen das »Vaterunser« gewohnheitsmäßig aufgesagt habe, ist mein derzeitiger Glaube frei von jedem Ritual.

. . . . . . . . . . . . . . . . . . . . . . . . . . . . . . . . . . . . . . . . . . . . . . . . . . . . . . . .

Berufenes Mitglied der 48. Synode der Evangelisch-Lutherischen Kirche in Oldenburg und Vereinsmitglied von Borussia Dortmund: Prof. Dr. **REINHARD SCHULZ,** geb. 1951, verheiratet mit der Förderschullehrerin Stefanie Rockel-Schulz, Vater der Zwillinge Jonas und Sophia Schulz (geb. 1991), ist Hochschullehrer am Institut für Philosophie der Carl von Ossietzky Universität Oldenburg und Mitherausgeber der Karl Jaspers Edition im Schwabe-Verlag Basel.

# Ich kann den **RESET-KNOPF** drücken

**SELDA MARLIN SOGANCI**

*I*ch stamme aus einem sehr liberalen und aufgeklärten, toleranten, gleichermaßen unkonventionellen wie auch konservativen Elternhaus mit »klassischen« deutsch-türkischen Wertvorstellungen. Meine Mutter kommt aus Sachsen, ihre Eltern waren mit ihr noch kurz vor dem innerdeutschen Grenzbau geflüchtet; mein Vater stammt aus der Türkei, hat aber inzwischen einen deutschen Pass. Beide Eltern sind Zahnärzte in Naila, einer Kleinstadt in Oberfranken/Bayern. In diesem ehemals sehr ruhigen Zonenrandgebiet bin ich glücklich und behütet aufgewachsen.

Mit drei Jahren wurde ich in der Pfarrkirche St. Johannis in Wirsberg getauft, einer für evangelische Verhältnisse eher prunkvoll gestalteten Kirche im Markgrafenstil, wo schon einige Jahre zuvor meine Eltern als eines der wenigen interkulturellen Paare evangelisch getraut worden waren. Meine Eltern hatten sich gewünscht, dass ich dieses Fest bewusst miterleben kann. Leider habe ich trotzdem einiges

158

vergessen – dass ich mit der Pfarrerin Orgel spielen durfte, hoch oben auf der Empore, aber nicht.

Dass sich mein Vater – muslimischen Glaubens – schon bei der Hochzeit mit meiner Mutter einverstanden erklärt hatte, dass ich getauft und christlich erzogen werde, finde ich immer noch bemerkenswert. Unser Baba (türkisch: Vater) hat mich allenfalls das eine oder andere Mal ein wenig aufgezogen, dass wir am Wochenende so früh aufstehen, um schön pünktlich beim Gottesdienst zu sein. Meine kleine Schwester wurde etwas später ebenfalls in St. Johannis getauft, was ihr sehr zu gefallen schien, denn nachdem der Pfarrer ihre Taufpredigt beendet hatte, rief sie zur Erheiterung aller Anwesenden erst mal ganz laut zustimmend »Bravo!« – eine Anekdote, die in unserer Familie immer wieder gern erzählt wird.

Ich habe wie viele Freunde von mir einen evangelischen Kindergarten besucht, hatte evangelischen Religionsunterricht in der Schule, bin in den Präparanden- und Konfirmandenunterricht gegangen und wurde am Ende tatsächlich auch

> *Religiös geprägt hat mich* **VOR ALLEM** *meine deutsche Oma.* «

mit allem Zipp und Zapp konfirmiert. Auch Bibelkreise und Pfingsttagungen habe ich als Jugendliche miterlebt.

Religiös geprägt hat mich vor allem meine deutsche Oma; sie war ein gläubiger Mensch und hat in ihrem langen und oft nicht einfachen Leben immer sehr auf Gott vertraut. Auf ihrer Beerdigung habe ich für sie gebetet und mich damit von

159

ihr verabschiedet, ihr eine gute Weiterreise und wohlbehaltenes Ankommen gewünscht.

Durch den türkischen Teil meiner Familie habe ich aber auch früh Aspekte des islamischen Glaubens kennengelernt. Schon als Kind kamen mir beide Religionsformen nicht fremd, sondern eher verwandt und ziemlich ähnlich vor. Mein Vater – mit seiner sympathischen Schwäche für fränkische Bratwürste – hat immer schon sehr viel Toleranz gegenüber anderen Menschen und Einstellungen gezeigt und uns Kinder dahingehend auch beeinflusst. Religiöser Fanatismus – ob nun auf christlicher oder islamischer Seite – war allen in unserer Familie immer sehr zuwider. So machte sich mein Vater stark dafür, dass hier lebende Türken sich mit ihren Familien in die deutsche Gesellschaft einbringen und gut integrieren, dass türkische Kinder dieselben Möglichkeiten

» *Mein Glaube hilft mir, wenn das Leben anfängt* **PLÖTZLICH SCHWIERIG** *zu werden.* «

wahrnehmen können wie ihre deutschen Freunde. Für diese Haltung bin ich ihm nach wie vor sehr dankbar und stolz auf ihn.

Mein Glaube hilft mir, wenn das Leben anfängt plötzlich schwierig zu werden und ich als Mensch an meine eigenen Grenzen stoße – dann ist der Glaube für mich besonders wichtig und gibt mir Halt. Es beruhigt mich, annehmen zu dürfen, dass wir Menschen uns dank Jesus Christus dem Druck nicht aussetzen müssen, alles immer selbst richtig machen zu müssen. Wir erfahren nicht erst nach unserem Tod Vergebung und Erlösung, sondern dürfen den »Reset-Knopf« schon zu Lebzeiten drücken und auf Vergebung hoffen, wenn wir aufrichtig unsere Sünden bereuen und in einem besseren Sinne weitermachen.

Ihre Illustrationen für Bücher und Zeitschriften wurden mit nationalen und internationalen Preisen ausgezeichnet: **SELDA MARLIN SOGANCI**, geboren 1973 in Hof, studierte Grafik-Design mit Schwerpunkt Illustration am FB Design der FH Münster und arbeitet als freie Grafikerin und Illustratorin für Verlage und Zeitschriften. Sie gestaltet Plakate und Bühnenbilder für ein Kindertheater und »workshopt« mit Begeisterung Kinder und Erwachsene. »Auf den Holzweg« geriet sie schon während ihres Studiums – ein selbst gebasteltes Schlüsselbrett für eine Freundin war der Anfang. Seitdem malt, schnitzt und schraubt sie am liebsten auf/aus/in Holz. Ihr ist wichtig, dass die Figuren in ihren Büchern menschlich sind und Charakter haben. Nobody's perfect! – Idealmaße und niedliche Oberflächlichkeit sind nicht ihr Ding.

# *Ohne* **RELIGIONSFRIEDEN** *kein Weltfrieden*

**CHRISTOPH SONNTAG**

Ich bin evangelisch im schwäbischen Pietismus im Remstal aufgewachsen. Um ehrlich zu sein, erinnere ich mich dabei erst mal an schwere Stunden: in der »Stond« der »Landeskirchlichen Gemeinschaft« und auch in der Jungschar wurde ich als Kind zunächst mit einem übermächtigen Gott konfrontiert. Dieser Gott, der uns so liebt, dass er sogar seinen Sohn für uns opferte, hatte zwar viele wunderbare Dinge erschaffen (lange Haare, Rockmusik, Alkohol, Diskos, Mädchen, Sexualität) – und doch waren es alles offenbar nur süße

Fallen! Tappte man hinein – und man tat es natürlich regelmäßig –, dann hatte der Gott, der uns so liebte, offenbar vor, uns später als Sünder in die Hölle zu werfen, uns die Haut abzuziehen und uns über dem Höllenfeuer zu rösten.

Das passte für mich nicht zusammen und machte mir Angst vor dem lieben Gott. Dann kam im Religionsunterricht Martin Luther auf mich zu; ein Mensch, der hier steht und nicht anders kann. Einer, der sich traute, diesem Gott liebevoll und selbstbewusst in die Augen zu schauen. Einer auf der Suche nach einem persönlichen Gott. Diese Begegnung hat mein Verhältnis zur Religion abgekühlt, aber das zu Gott vertieft, und so muss es meiner Meinung nach auch sein.

Martin Luther hatte damals das Undenkbare gedacht und war mutig genug, nach damaligem Glauben dafür seine Seele zu riskieren und den damaligen religiös-gesellschaftlichen Konsens aufzubrechen. Davor habe ich große Hochachtung! Auch heute gibt es viele festgefahrene Dinge, die von der anderen Seite betrachtet gehören. Das Kabarett geht diesen Weg auf humoristische Weise. Hier sehe ich eine kleine Verbindung zu Martin Luther, der sagte: »Wenn Gott keinen Spaß verstünde, so möchte ich nicht im Himmel sein!«

Durch meinen persönlichen Kontakt zu Professor Dr. Hans Küng bin ich voll seiner Meinung: ohne Religionsfrieden keinen Weltfrieden, was auch das Leitmotiv seiner »Stiftung Weltethos« darstellt. Ich werde zornig wie Jesus im Tempel, als er die Geldwechsler rausschmiss, wenn ich sehe, wie Religionsführer den Lieben Gott in einen kleinen, menschlichen Kasten sperren und mit Angst und Unterdrückung Politik machen, dabei Wasser predigen und selbst Wein trinken.

**CHRISTOPH SONNTAG**

Meiner Meinung nach sind Religionen der Versuch, die Farbenpracht einer Blumenwiese in einem Schwarzweißfilm darzustellen, die oft genug unscharf und verwackelt ist.

Vor dem Tod an sich fürchte ich mich nicht, aber den Weg dahin, das Sterben, habe ich schon bei verschiedenen Menschen beobachtet, das kann sehr leidensvoll und unangenehm sein; wenn ich ehrlich bin, fürchte ich mich davor.

Die evangelische Kirche ist der einzige »Verein«, in dem ich Mitglied bin und bleiben werde. Das hat auch mit meinem Zivildienst in der Diakonie zu tun, wo ich gesehen habe, wie effektiv, selbstlos und im göttlichen Sinne dort Hilfe geleistet wird.

Der evangelische Glaube transportiert bei allem mehr Glaubensfreiheit als andere Religionen. Wen aber wirklich interessieren sollte, was ich glaube, der lese die Bücher von Neale Donald Walsch »Gespräche mit Gott«.

· · · · · · · · · · · · · · · · · · · · · · · · · · · · · · · · · · · · · · · · · · · · · · · · · · · · · · · · · · · ·

**CHRISTOPH SONNTAG**, 52, ist Kabarettist und Buchautor *(www.sonntag.tv)*. Seine AZNZ-Tour begeisterte mehr als 200 000 Zuschauer. Mit 150 Live-Auftritten pro Jahr, zahlreichen TV-Auftritten und seiner regelmäßigen Radio-Comedy auf SWR3 nennt der SWR ihn zurecht »König des schwäbischen Kabaretts!« Als Bruder Christophorus Sonntag gibt er seine deftige, schwäbische Antwort auf den Nockherberg. »Das jüngste Ger(i)ücht« geht 2015 in die dritte Runde und ist jetzt schon Kult, auf der Bühne und später im Fernsehen, was Besucherandrang und TV-Quote beindruckend belegen. Mit seiner »Stiphtung Christoph Sonntag« stemmt er zahlreiche soziale und ökologische Projekte vornehmlich in Baden-Württemberg. *www.stiphtung.tv*

# Mein Glaube ist JEDEN Tag wichtig

FRIEDE SPRINGER

*Wann und wie sind Sie getauft worden?*

1942, wenige Monate nach meiner Geburt, es war eine Haustaufe.

*Wer hat Sie religiös sensibilisiert?*

Meine Mutter, später mein Mann Axel.

*Wie erlebten Sie die evangelische Kirche in Ihrer Kindheit?*

Der Religionsunterricht in der Schule war für mich prägend.

*Welche Vorbilder haben Sie geprägt?*

Mein Großvater war eine beeindruckende Figur, mein Vorbild in der Kindheit.

*Was ist für Sie die gute Nachricht des Christentums?*

Jesus Christus, der Mensch geworden ist, uns zu erlösen.

*Fühlen Sie sich »evangelisch«?*

Nicht unbedingt, ich fühle mich auch wohl in einer katholischen Kirche.

*Wann ist Ihnen Ihr Glaube wichtig?*

Jeden Tag.

*Sind Sie christlich getraut?*

Ja.

*Welche Bedeutung hat Ihr Christsein im Alltag?*

Mein Gewissen wird geschärft und die Barmherzigkeit Gottes tröstet zugleich.

*Wann beten Sie?*

Jeden Abend vor dem Schlafengehen.

*Was bewirkt, dass Sie sich von Ihrer Religion distanzieren?*

Der falsche Umgang mit der Heiligen Schrift.

*Was sollte die Kirche Ihrer Meinung nach sein?*

Die Stimme Gottes in unserer Zeit.

*Was nicht?*

Dem Zeitgeist hinterherlaufen.

*Wie wollen Sie sterben?*

In Frieden mit Gott und den Menschen.

*Wenn Sie in den Gottesdienst gehen: Was ist Ihnen wichtig? Was stört Sie?*

Eine gute Predigt, eine ordentliche Liturgie. Mich stört die Anmaßung, die Probleme der Welt lösen zu können.

. . . . . . . . . . . . . . . . . . . . . . . . . . . . . . . . . . . . . . . . . . . . . . . . . . . . . . .

**FRIEDE SPRINGER,** geb. Riewerts, wurde 1942 in Oldsum auf Föhr geboren. Sie war die fünfte Ehefrau des Verlegers Axel Springer und erbte nach dessen Tod im Jahre 1985 zusammen mit dessen Kindern und Enkeln aus früheren Ehen Anteile an seinem Verlag. Heute ist sie Mehrheitsaktionärin und Hauptgesellschafterin der Axel Springer AG sowie deren stellvertretende Aufsichtsratsvorsitzende. Sie hat zwei eigene Stiftungen gegründet, die Friede Springer Herz Stiftung und die Friede Springer Stiftung, und sie hat zahlreiche Ehrenämter inne, z.B. im Stiftungsrat des Deutschen Herzzentrums sowie den Vorsitz des Förderkreises der Berlin-Brandenburgischen Akademie der Wissenschaften.

# *Unbeirrt* **FRIEDEN** *stiften*

*A*ls Neugeborener wurde ich 1936 in der Kirche in Stettin-Altdamm getauft. Religiös sensibilisiert hat mich meine Mutter. Lutherisch geprägt bin ich durch Pommern und Thüringen. Die evangelische Kirche erlebte ich damals in der Familie, im Religionsunterricht, bei der Konfirmation und in der politisch bedrängten Jungschar und Studentengemeinde. Meine Vorbilder waren und sind der Vater einer Schulfreundin, ein Kirchenjurist, Carl Friedrich von Weizsäcker und Martin Luther King. Unbeirrt Frieden stiften, für

167

Gerechtigkeit eintreten, Menschen helfen – das ist für mich die Gute Nachricht. So bemühe ich mich auch im Alltag, das Gebot der Nächstenliebe nicht zu vergessen. Wichtig ist mir mein Glaube vor allem in Not und Bedrängnis und bei schweren Entscheidungen.

Im Gottesdienst erfreue ich mich am gemeinsamen Psalm-Lesen, an lebensnahen, ermutigenden Predigten, an Fürbitte und Segen. Die Kirche soll Mut machen für das Leben, den Glauben stärken, ein Schutzraum sein und kein Jahrmarkt für Eitelkeiten und Aller-Welt-Allotria. Es gab bisher keinen Grund, mich von meiner Kirche zu distanzieren, und ich denke, das bleibt auch so.

Wir sind in der Kreuzkirche in Dresden am 25. Juli 1961 getraut worden. Unsere Kinder und Enkelkinder sind selbstverständlich getauft worden. Ich bete jeden Morgen und wünsche mir, eines Tages mit wenig Schmerzen, klar im Kopf und bis zuletzt in Hoffnung sterben zu können.

. . . . . . . . . . . . . . . . . . . . . . . . . . . . . . . . . . . . . . . . . . . . . . . . . . . . . . . . . . .

Dr. h. c. mult. **MANFRED STOLPE,** geboren 1936, war nach seinem Jura-Studium in Jena bis 1969 bei der Evangelischen Kirche in Berlin-Brandenburg tätig; von 1969 bis 1981 leitete er das Sekretariat des Bundes der Evangelischen Kirchen in der DDR, war von 1982 bis 1990 Konsistorialpräsident der Ostregion der Evangelischen Kirche Berlin-Brandenburg und stellvertretender Vorsitzender des Bundes der Evangelischen Kirchen in der DDR. 1990 trat er in die SPD ein und wurde noch im selben Jahr Ministerpräsident des Landes Brandenburg (bis 2002). Von 2002 bis 2005 war er Bundesminister für Verkehr, Bau und Wohnungswesen sowie Beauftragter der Regierung für die neuen Bundesländer.

## Ich kann mich auf die
# GNADENZUSAGE *verlassen*

**MARLEHN THIEME**

*E*s war vor allem meine Mutter, die uns Kinder mit einem sehr selbstverständlichen Gottvertrauen und christlicher Grundeinstellung prägte, ohne besonders kirchlich oder gemeindlich engagiert zu sein. In der weiteren Familie gab es Pastoren, Synodale und Kirchenvorsteher/innen. Die großen Lübecker Kirchen mit ihren ausgeprägten Pastorenpersönlichkeiten waren in der Familie präsent und regten dazu an, sich mit dem evangelischen Glauben und mit der Kirche zu befassen und auseinandersetzen. Der Großvater einer Kinderfreundin war Landpastor in Holstein mit einem traditionellen Pastorat, wohin wir in allen Ferien eingeladen wurden und Verwöhnung, große Freiheit, Lesestunden, Diskussionen und Hinter-die-Kulisse-von-Kirche-Schauen genossen. Das Aufwachsen in unmittelbarer Nachbarschaft einer großen Kirche mit dem Takt der Glocken, Andachten und Gottesdienste, Freud und Leid vermittelten mir Religion und Kirche als selbstverständlichen Bestandteil des Lebens.

Mit dem Beginn der Schule ging ich in die traditionelle Kinderstunde und Jungschar mit biblischen Geschichten an der Filzwand. Die Gemeindeschwester nannten wir alle »Tante Helga«, was im Rückblick wie aus einer anderen Welt anmutet. Zwei Kinderfreizeiten steigerten allerdings nicht mein Gemeindebedürfnis, zumal ich schon mit zwölf Jahren »früh« konfirmiert wurde. Dies angeregt von dem damaligen Gemeindepastor in Anlehnung an die katholische Erstkommunion und in den Verunsicherungen der 68er-Studenten-Unruhen, und sicher auch, um der Politisierung zu entgehen. In meiner Schulzeit war Religion ein fester Bestandteil des Unterrichts, im Gymnasium prägten das ehemalige gotische Klostergebäude, die Klosterkirche, ein charismatischer und engagierter Schulpastor und sehr gute Deutsch-, Philosophie- und Religionslehrer in der Unter- und Mittelstufe unsere Sensibilität für die spirituelle Dimension von Religion, in der Oberstufe für die Mitwirkung, Verantwortung und intellektuelle ethische Zurüstung.

Daneben hatte ich familiäre Vorbilder, die in meiner bürgerlich geprägten Heimatstadt in den unterschiedlichsten Berufen vor, in und nach dem Krieg selbstverständlich Verantwortung für andere übernommen haben, Lehrer und Pastoren, aber auch »erlesene« Vorbilder wie Bonhoeffer, Gräfin Dönhoff, Stauffenberg und die Menschen des 20. Juli 1944.

Meinem Mann und mir war es wichtig, christlich getraut zu werden, unser Trauspruch lautet: »Gott hat uns nicht gegeben den Geist der Furcht, sondern der Kraft und der Liebe

> » *Die Kirche sollte eine ausstrahlende*
> **GEMEINSCHAFT** *sein.* «

und der Besonnenheit.« (2. Tim 1,7) Ebenso selbstverständlich war es, unsere Kinder taufen zu lassen, weil wir hoffen, ihnen mit unserem Glauben Orientierung, Zuversicht, Sinnstiftung, Wach- und Aufmerksamkeit sowie Lebenshilfe anbieten zu können. »Von guten Mächten wunderbar geborgen«, hoffend und getröstet, umgeben von lieben Menschen möchte ich auch dereinst sterben…

Ich fühle mich evangelisch vor allem, weil mir die individuelle Freiheit in Verantwortung wichtig ist, auch die Unmittelbarkeit des Gnadenzuspruchs. Die gute Nachricht variiert immer ein bisschen in ihrer Akzentuierung: In aller Mutlosigkeit ist der Segenszuspruch »Gott ist mit Dir« mir Zweifel, Prüfung und Stärkung zugleich. In allem Glück ist es die Möglichkeit, tiefe Dankbarkeit zu empfinden und auszusprechen. In Versagen und Schuld ist es die Möglichkeit des Bekenntnisses, die Aussicht der Vergebung und das Geloben von Besserung. Ich kann mein Haupt erheben, mich frei von

MARLEHN THIEME

Ängsten auf die Gnadenzusage verlassen. Und wenn ich das Leid anderer ertragen muss, wenn ich trösten muss und etwas nicht ändern kann, befreit es mich auch.

Morgens lese ich die Herrnhuter Losungen, bete Luthers Morgensegen und das Vaterunser, bei warmem Essen in der Familie oder auch still für mich in anderen Runden spreche ich ein Tischgebet, abends bete ich frei, lasse den Tag passieren und schließe mit Luthers Abendsegen und Vaterunser. Das ist mir ein stilles Gerüst des Tages.

Mein Glaube ist mir wichtig in Dankbarkeit wie in Sorgen, beim Aufstehen und Ins-Bett-Gehen, bei Zweifeln, für die Orientierung bei Entscheidungen, als Selbstbegrenzung, wenn ich alleine nicht weiter weiß, wenn ich mich besinnen möchte, wenn mir unverdient etwas zufällt, wenn ich mich schuldig fühle…wenn ich versagt habe, mir etwas nicht gelingt und ich verzweifeln könnte, wenn ich traurig oder ganz fröhlich und glücklich bin. Beim Trösten oder Helfen anderer Menschen, in der Kindererziehung oder auch als Führungskraft, wenn ich anderen Menschen eine ehrliche und schwierige Rückmeldung geben muss.

Von unserer Religion würde ich mich nur dann distanzieren, wenn sie nicht den Menschen zugewandt und selbstgenügsam ist, wenn sie selbstreferenziell mit denen vorlieb nimmt, die immer schon da waren und die von alleine kommen. Wenn Pastoren unprofessionell und wenig überzeugend agieren und Kirche sich in schlichter Parteipolitik selbst reduziert. Die Kirche sollte eine ausstrahlende Gemeinschaft sein, die Menschen eine andere Perspektive, das wirklich Wichtige im Leben zeigt, ihnen Wege zu Glaube, Hoffnung und Liebe öffnet, Seelsorge anbietet, diakonisch tätig ist, die eintritt für die Anliegen Alter, Kranker, Behinderter, Einsamer und Armer, für ein faires Miteinander, für ein menschliches Maß, für humanes und schöpfungsgerechtes Wirtschaften und faire Chancen aller Menschen.

Gut gestaltete Gottesdienste brauchen für mich Ruhepausen, Gesang, abgestimmte Gebete, stimmige Kernaussagen in der Predigt, Orientierung und Denkaufgaben – geistliches Schwarzbrot – für die neue Woche, Zeit für Seelenpflege und im besten Fall Gotteserfahrung.

· · · · · · · · · · · · · · · · · · · · · · · · · · · · · · · · · · · · · · · · · · · · · · · · · · · · · · · · · · · · · · · · · ·

Bei der Deutschen Bank machte sie von 1986 bis 2013 Karriere – vom Trainee bis in den Aufsichtsrat. Zuletzt war die Juristin **MARLEHN THIEME,** geboren 1957, für Corporate Social Responsibility, für Bildungsprojekte in der gesellschaftlichen Verantwortung des Konzerns, zuständig. Darüber hinaus ist sie Mitglied im Rat der Evangelischen Kirche in Deutschland, dem höchsten Leitungsgremium, und dessen Vertreterin beim ZDF-Fernsehrat. Marlehn Thieme hat mit ihrem Mann Hinrich Thieme zwei Töchter.

**MARLEHN THIEME**

# PRÜFT *alles!*

## MARTIN URBAN

*I*ch bin in die evangelische Kirche hineingeboren und erzogen worden durch ein frommes, von der Bekennenden Kirche geprägtes Elternhaus. Geblieben ist mir eine von Zweifeln bestimmte Hoffnung, die Botschaft des Jesus von Nazareth möge sich im Kern als wahr erweisen.

Gewachsen ist in Jahrzehnten des eigenen Engagements der Zorn auf eine Kirche, die kaum mehr erkennen lässt, dass sie als eine Kirche der Aufklärung entstanden ist. Als gelernter Naturwissenschaftler empört mich die Gleichgültigkeit gegenüber den Erkenntnissen der historisch-kritischen Theologie und erst recht gegenüber den Ergebnissen naturwissenschaftlicher Forschung. Als Wissenschaftspublizist schreibe ich dagegen an.

Mich hat das nahezu angstfreie Gottvertrauen meiner Mutter, selbst in den schlimmsten Augenblicken der Kriegs- und Nachkriegszeit, geprägt. Und natürlich haben wir gebetet. Ich verstehe das Beten so, wie der Apostel Paulus in seinem ersten Brief an die Thessalonicher allgemeiner formuliert hat (1. Thess 5,21): »Prüft aber alles, und das Gute behaltet.« »Prüft alles« ist eine für einen Physiker durchaus passende Maxime, auch wenn hier, anders als in den Naturwissenschaften, keine Gewissheiten möglich sind. Ich muss akzeptieren, dass es keine Beweise für ein Eingreifen Gottes in diese Welt gibt, in der die Naturgesetze gelten.

Ich bin im Evangelischen Johannesstift in Berlin-Spandau aufgewachsen. Als Mitglied des Kinderchors (der Kurrende) im Johannesstift ist mir nicht nur die Kirchenmusik nahegekommen. Wir haben vielmehr als sehr freie Protestanten mit allerlei Spott auf langweilige Predigten reagiert, aber auch bei guten Predigern unter den Bischöfen, etwa Hanns Lilje, aufgehorcht. Im Stift tagten nämlich damals regelmäßig die Synoden.

Eine Reise der Stiftsjugend brachte uns in den 1950er Jahren im Siegerland wie anschließend in der Schwäbischen Alb erstmals in Kontakt mit dem Pietismus. Diese »sündentheologisch« geprägte, moralinsaure Welt empfanden wir damals nur als albern. Heute weiß ich, wie bedrohlich nicht nur der islamische und der jüdische, sondern auch der evangelikale Fundamentalismus geworden ist. Das frühe Erleben des oberbayerischen Katholizismus war für mich ein Kulturschock und ist es im Grunde bis heute geblieben: Die erste Begegnung mit lebendigem Aberglauben und mit dem Barock (auch) als Ausdruck der damals noch sehr virulenten Gegenreformation. Meine spätere Frau, eine gebürtige Münchnerin, war als protestantisches Kind in der Nachkriegszeit zur Erholung nach Niederbayern »verschickt« worden, die Heimat auch eines Josef Ratzinger. Dort war sie das Heidenkind, und das war nicht lustig gemeint.

Ein Protestant zu sein, war mir von Kindheit an selbstverständlich: Getauft hat mich mein Großvater. Er war evangelischer Pfarrer, hatte einst in Straßburg zusammen mit Albert Schweitzer gewohnt und studiert. Gemeinsam waren sie Vertreter der Theologiestudenten der Fakultät. Die Taufe ist für mich nichts Mystisches, sondern die hoffnungsvolle Anempfehlung des Täuflings gegenüber Gott. Mein Vater durfte als promovierter evangelischer Theologe, beinamputiert im Ersten Weltkrieg, nicht Pfarrer sein. Die absurde Begründung: Im 3. Buch Mose des Alten Testaments steht, dass jemand, »an dem ein Fehler ist«, kein Priester sein dürfe. Er arbeitete als Wissenschaftlicher Referent in der »Apologetischen Zentrale« im Johannesstift. Vor 80 Jahren, im Mai 1934, hatte er zum Beispiel gegen das Aufkommen der Völkisch-Religiösen (»Eine dritte Konfession?«) angeschrieben. Wie heute immer noch für manchen Mystik-Begeisterten, war auch für den Nazi-Ideologen Alfred Rosenberg (»Der Mythus (sic!) des 20. Jahrhunderts«) Meister Eckhart (1260–1328) ein Kronzeuge. Mein Vater kritisierte dies als Fehldeutung ebenso wie »die Gefahr der Aufspaltung unseres Lebens in eine weltliche und eine geistliche Sphäre«, der »die protestantische Frömmigkeit zum großen Teil schon sehr früh erlegen« sei. »Diese unlutherische Haltung hat sich später nicht nur im Pietismus siegreich durchgesetzt ... sondern sie hat sich bis in die Gegenwart hinein behauptet.« Meine heutige Kritik einer Aufspaltung von Glauben und Wissen kommt dem nahe. Die

Schrift meines Vaters erreichte übrigens im Erscheinungsjahr bereits eine Auflage von 8 000. Der Kirchenkampf wurde damals zunächst tatsächlich als ein öffentlicher Disput geführt.

Ein Großonkel von mir war als Propst von Hessen und Nassau Vorgänger von Martin Niemöller, dessen Enkeln später meine Frau im Gymnasium Gauting bei München Religionsunterricht gab. Einer meiner Brüder ist Pfarrer in Berlin.

Ich war also von Theologen umzingelt. Das ist wohl ein Motiv gewesen, Naturwissenschaftler zu werden. Dabei habe ich nie vergessen, im Kant-Gymnasium in der Carl-Schurz-Straße in Spandau zur Schule gegangen zu sein. Aufklärung, wofür diese Namen stehen, ist ein bestimmendes Element meiner Arbeiten, auch als Mitglied einer Kirche, die davon so gar nichts mehr wissen will.

So wie mich einst als Wissenschaftsredakteur der Süddeutschen Zeitung die ersten wissenschaftlichen Belege einer menschengemachten Umweltzerstörung, zehn Jahre bevor es die »Grünen« gab, aufregten und zugleich faszinierten und damit publizistisch (sowie auch in den Gremien des Kirchentags) aktiv werden ließen, passierte es mir auch mit der Theologie: Je mehr ich über die Ergebnisse der Forschung lese (und im Lichte dessen, was ich beruflich über die Erkenntnisse der Naturwissenschaftler weiß), desto mehr regt mich auf, was heute immer noch kirchliche Lehre ist.

Schon Albert Schweitzer wusste vor über hundert Jahren, dass die Idee einer Trinität Gottes ein Konstrukt aus hellenistischer Zeit ist. Weil er das auch aussprach, ließ ihn die evangelische Kirche nicht als Missionar nach Afrika. Er musste vielmehr eigens noch Medizin studieren, um dann als Arzt nach Lambarene zu gehen. Inzwischen ist kein einziger Satz des Glaubensbekenntnisses von Nicäa-Konstantinopel noch theologisch unumstritten. Aber darüber gibt es keine öffentliche Diskussion. Die Angst vor dem Geschrei der Fundamentalisten ist zu groß. Schon in meiner Kindheit beschwichtigte mich meine Mutter, man dürfe die Alten nicht mit moderner Theologie erschrecken. Die Angst vor der »Zugluft« der »Entmythologisierung« durch Rudolf Bultmann teilte zunächst sogar Dietrich Bonhoeffer. Heute ist das eine denk-faule Ausrede.

Wenn meine Kirche sich dem Disput über ihre Lehre verweigert, wird sie nur noch ein Sozialverein sein. Evangelisch zu sein, heißt für mich, im Respekt vor der Frohen Botschaft Jesu, deren Verbreitung wir der Kirche verdanken, der Aufforderung Martin Luthers nachzukommen, der 1524 dazu aufgerufen hatte: »Lasst uns doch endlich einmal die Vernunft gebrauchen.« Das heißt: Ich will keine Kirche von Dummies für Dummies, sondern eine Kirche der Aufklärung, die sich um die 96 Prozent ihrer Mitglieder kümmert, die aus guten Gründen nicht mehr ihre Sonntags-Predigten anhören.

· · · · · · · · · · · · · · · · · · · · · · · · · · · · · · · · · · · · · · · · · · · · · · · · · · · · · · · · · · · · · ·

**MARTIN URBAN,** geboren 1936, Studium der Physik, Chemie und Mathematik, wissenschaftliche Arbeit als Diplom-Physiker auf dem Gebiet der Plasmaphysik. Seit 1965 Redaktionsmitglied der Süddeutschen Zeitung, Gründer und Leiter der SZ-Wissenschaftsredaktion 1968 bis 2002. Seither Arbeit als Buchautor. Veröffentlichungen u. a.: »Wie die Welt im Kopf entsteht«, »Wie der Mensch sich orientiert«, »Warum der Mensch glaubt«, »Wer leichter glaubt, wird schwerer klug«, »Die Bibel. Eine Biographie«, zusammen mit Nikolaus Schneider: »Was kann man heute noch glauben? Ein Disput«.

# *Auch Jesus hätte manchmal* **FRAGEZEICHEN** *im Gesicht*

**GESINE WEINMILLER**

*I*m weißen Taufkleid, das seit vielen Generationen in der Familie zum Einsatz kommt, wurde ich in Wallhausen am Bodensee getauft. Patentante war meine Großmutter. Die Wahl fand ich als Kind aus »geschenktechnischer« Sicht eher unklug. Allerdings habe ich diese Großmutter immer sehr geliebt.

Ich besuchte mit meinen Eltern zunächst in Luxemburg die Auslandsgemeinde. Neben Kirchengemeinde war hier auch Heimat zu finden. Meine Konfirmandenzeit am Starnberger

See war sehr wichtig. Der aus jugendlicher Sicht extrem steife Pfarrer hatte sich von einem klugen, begeisterungsfähigen Jugendgruppenleiter unterstützen lassen. Wir Konfirmanden hatten mit ihm eine intensive Zeit und konnten alle Themen, die Jugendliche bewegen, offen besprechen. Das war der Moment, in dem sich mein Glaube vom Kinderglauben emanzipiert hat.

Meine Großmutter und meine Eltern waren mir Vorbilder. Später prägten mich auch einige Architekten wie Karl-Josef Schattner und Hans Kollhoff, allerdings eher als Mensch denn als Christ. Nach der Konfirmation ging ich regelmäßig zu einer Gemeinde in München.

Um zu glauben oder nicht zu glauben, braucht es exakt gleich viel Glaube. Wenn man sich allerdings auf das Experiment »Glaube« einlässt, erfährt man, wie das Wagnis einer Realität weicht. Eigentlich fühle ich mich eher als Christ statt als »evangelisch« und suche vor allem das Verbindende denn das Trennende. Manchmal sitze ich im Kontaktgesprächskreis mit den katholischen Bischöfen und Kardinälen und frage mich, was Jesus zu den strittigen Themen sagen würde, und komme zu dem Schluss, er hätte ähnliche Fragezeichen im Gesicht wie ich.

Wichtig ist mir mein Glaube jeden Tag. Er gibt mir die Gelassenheit, den Spagat zwischen Kinder, Uni, Büro und sonstigen Anforderungen zu bewältigen und mich nicht zu wichtig zu nehmen. Christsein ist die Basis meines Seins und daher immer (oder so oft wie möglich) Referenz für mein Handeln. Gerade meine Neigung, alles selbst und am besten sofort zu klären, bekommt hier ein Gegengewicht.

Immer, wenn mir danach ist, bete ich. Selbstverständlich sind wir christlich getraut und unsere Kinder getauft. Im Kreise meiner Familie und am liebsten zu Hause möchte ich einst sterben.

Die Kirche möge der Ort sein, wo Menschen über ihren Glauben sprechen und miteinander feiern, kein Bespaßungsverein für Jung und Alt. Je älter ich werde, desto bewusster nehme ich eine präzise Liturgie im Gottesdienst wahr. Über eine gute Predigt kann ich eine ganze Woche nachdenken, wenn sich jedoch eine Predigt in Allgemeinfloskeln mit christlichem Anstrich verliert, ist mir die Zeit am Sonntagmorgen zu schade.

. . . . . . . . . . . . . . . . . . . . . . . . . . . . . . . . . . . . . . . . . . . . . . . . . . . . . . . . . . . . .

**GESINE WEINMILLER** arbeitet als Architektin in Berlin und lehrt seit 2000 als Professorin an der HCU in Hamburg. Ihre Bauten wie beispielsweise das Bundesarbeitsgericht, die L-Bank in Karlsruhe oder das Justizzentrum Aachen wurden mit zahlreichen Preisen ausgezeichnet. Sie ist Mitglied des Rates der EKD und sitzt im Architekturbeirat des Auswärtigen Amtes. Sie hat drei Kinder und lebt mit ihrem Mann in Berlin. *www.weinmiller.de*

# *Glauben und Zweifel* GEHÖREN ZUSAMMEN

## BEATRICE VON WEIZSÄCKER

**G**etauft wurde ich zwei Monate nach meiner Geburt mit dem schönen Taufspruch: »Siehe, ich sende meinen Engel vor dir her, der deinen Weg vor dir bereiten soll.« (Matthäus 11, Vers 10) Der hilft mir Tag für Tag.

Religiös sensibilisiert hat mich meine Umgebung. Vielleicht auch ich selbst. Der Glaube interessierte mich früh, schon als Kind. Die Skepsis war allerdings stets dabei. In sehr jungen Jahren sagte ich meiner Religionslehrerin: »Ich glaube, dass die Menschen Jesus erfunden haben, damit die Menschen an Gott glauben.« Der Satz war nicht als Provokation gemeint, sondern als ehrlicher Zweifel an Jesus und seinen Wundergeschichten. Darin steckte die Frage, ob nicht Menschen hinter allem stehen (Bibel, Geschichte, Kirche), und nicht Gott. Mit anderen Worten: Ob es Gott überhaupt gibt.

Die evangelische Kirche spielte in meiner Kindheit und Jugend, abgesehen von der Konfirmation, keine besondere Rolle. Dafür umso mehr mein Konfirmationsspruch, der meinen Taufspruch wunderbar ergänzte: »Fürchte dich nicht, denn ich habe dich erlöst; ich habe dich bei deinem Namen gerufen, du bist mein!« (Jesaja 43, Vers 1) Nie habe ich den Spruch vergessen. Ich ahnte, dass er für mein Leben wichtig würde, und so ist es bis zum heutigen Tage geblieben. Ich bin ein Mensch, der den Glauben ebenso kennt wie den Zweifel. Für mich gehört beides zusammen. Da helfen Sätze wie die meiner Taufe und die meiner Konfirmation. Und geprägt hat mich außerdem der evangelische Theologe Heinz Zahrnt mit seinem Buch »Glaube unter leerem Himmel«.

Ob ich mich evangelisch fühle? Ja, allerdings eher im protestantischen Sinne: mit klarem Blick auf die Wirklichkeit. Ständig stelle ich Bibelverse infrage. Prüfe sie und mich. Ich nehme nichts hin, wie es ist, auch wenn die Tradition darauf pocht, sondern stelle fast alles infrage. Das war als Kind schon so (siehe die Jesus-Frage), daran hat sich bislang nichts geändert. Ein auch noch so gut gemeintes Gottesbild ruft in mir Fragen hervor. Wenn der Zweifel kommt, nehme ich ihn ernst, weil er zu meinem Glauben gehört. Aus Zweifel erwächst eine Zuversicht, die mich trägt. Sie gibt mir Kraft – mehr als ich habe. (Zitat: Katrin Göring-Eckardt) Überdies interessiert mich die Frage, wann Glaube politisch wird.

Christsein im Sinne Jesu als unverbrüchliches Vorbild ist mir wichtig. Der Mensch zählt und nicht die Macht. Auf die Menschen kommt es an und nicht auf die Kirche.

Ich distanziere mich nicht von der Religion, wenngleich ich an die leibhaftige Auferstehung Jesu Christi nicht glauben kann. Wenn es ums Leben und Sterben geht, ist für mich der Satz entscheidend: Die Ewigkeit ist schon da. Sie macht aus der Einbahnstraße Leben-Sterben-Tod-Auferstehung-Ewig-keit eine Zweibahnstraße, egal, von welcher Seite man es sieht, sodass ich mich auch im Leben mit den Toten »ewig« verbunden fühle.

Ich distanziere mich auch nicht von der Kirche, wenn-gleich ich mich beim Kirchentag wohler fühle. Dort ist der Glaube freier von Zwängen, dort ist Kritik erlaubt und er-wünscht. Dort finden sich Menschen zu Hunderttausenden, die gemeinsam singen, nachdenken, beten und fröhlich sein wollen. Es sind in der Regel die Laien, die mich mehr von der Kirche überzeugen als die Kirche selbst, die sich zwar redlich müht (und die ich auf keinen Fall missen möchte), der es aber zu selten gelingt, Leben, Sterben und Seelsorge lebendig mit-einander zu verbinden.

Niemand kann zu seinem Glauben gezwungen werden. Ein aufgezwungener Glaube ist kein Glaube. Wissen kann (und sollte) man erlangen. Aber der Glaube ist nicht Wissen, er ist etwas Höchstpersönliches. Den Glauben kann jeder nur selbst für sich finden und empfinden. Glaube kann auch ver-schwinden. Ich glaube; aber nicht blind. Vertrauensseligkeit ist mir fremd. Glauben will ich, so lange ich kann. Genauer beschreibe ich es in meinem persönlichen Glaubensbekennt-nis, veröffentlicht in meinem Buch »Ist da jemand? Gott und meine Zweifel« (Piper Verlag):

Ich glaube an Gott –
Der nicht allmächtig ist im Sinne von Herrschaft,
der nicht verzeiht, weil er nicht verdammt,
der nicht richtet, weil er gar nicht erst prüft.
Sondern an Gott –

Der uns so nimmt, wie wir sind;
der immer da ist, wenn wir da sind;
der uns behütet, Tag und Nacht;
auch an den Tagen, an denen wir spotten;
und in Nächten, wenn der Albtraum uns packt;
der immer bei uns ist,
auch wenn wir zweifeln.

Ich glaube an einen Gott für alle,
ob sie nun Christen heißen oder nicht.

Ich glaube an Jesus –
Als Aktivisten in Sachen Gott;
dessen Worte mir Ansporn,
dessen Taten mir Vorbild,
dessen Werte mir wichtig sind,
auch wenn Nichtchristen für sie streiten.

Zu dem man beten kann, aber nicht muss.
Denn an einen personalen Gott glaube ich nicht.
Ich glaube weniger an Jesu Göttlichkeit,
sondern mehr an seine Menschlichkeit.

Ich glaube an den Heiligen Geist –
Wenn er Gemeinschaftsgeist ist und das Gewissen.
An eine Kirche, die nicht einengt
und mir nicht vorschreibt, was ich glauben muss.

An das Priestertum aller Gläubigen,
das auch Nichtgetaufte mitumfasst.

An »Gemeinschaft der Heiligen« glaube ich nicht,
denn wer kann schon sagen, wer heilig ist.
An die »Gemeinschaft der Seligen« aber glaube ich.
Denn selig sind alle.

Ich glaube an Christen, die nicht spalten,
sondern zusammenstehen – auch in der Not.
Die barmherzig sind und sich einsetzen
und politisch sind, so wie Jesus einst war.

BEATRICE VON WEIZSÄCKER

Ich glaube an Menschen –
Als Aktivisten in Sachen Welt,
ob sie nun glauben oder nicht.
Ich glaube an die Menschen,
die Verantwortung nicht scheuen.
Weil die Antwort auf ihr Leben
die Verantwortung mitumfasst.
Ob sie sich Christen nennen oder anders,
ist mir letztlich einerlei.

Ich glaube gerne an die Menschen,
Denn sie sind fehlbar, wie Gott uns schuf.

An die Auferstehung glaube ich nicht,
denn das ist doch seltsam,
aber an das Dableiben, auch im Tod.
Ich glaube nicht an einen Tod, der uns trennt,
sondern das Beieinanderbleiben, jederzeit.

Ich glaube an die Ewigkeit.
Und die ist schon da.

So habe ich Kraft.
Mehr als ich habe.

Ich glaube gern an meinen Gott.

Amen.

Die Juristin und Publizistin Dr. **BEATRICE VON WEIZSÄCKER** ist Mitglied im Präsidium des Deutschen Evangelischen Kirchentags, stellvertretende Vorstandsvorsitzende der Theodor Heuss Stiftung, Stuttgart, und Mentorin bei der Evangelischen Journalistenschule, Berlin. Die Autorin lebt und arbeitet in München. Zuletzt erschienen: »Ist da jemand? Gott und meine Zweifel«, Piper Verlag 2012, »JesusMaria – Christentum für Frauen«, Piper Verlag, September 2014.

## *Nicht alles* KLAGLOS *hinnehmen*

BETTINA WULFF

I n wirklich schweren Situationen hat man natürlich die Familie und beste Freunde, aber letztlich ist man auf sich selbst gestellt. In solchen Momenten habe ich das tiefe Gefühl, dass Gott für mich da ist. Und auch dann, wenn ich etwas Falsches getan habe. Das hilft mir sehr. Für mich ist es sehr wichtig, in der evangelischen Kirche zu sein. Diese hohe Verbundenheit hat mit dem Konfirmationsunterricht begonnen, den ein sehr engagierter Pastor gestaltet hatte. Wir haben zum Beispiel morgens mit ihm zusammen in der Kirche gefrühstückt. Es gab immer fröhliche Musik, und man durfte im Gottesdienst auch mal aufstehen und klatschen. Überhaupt geht es in der evangelischen Kirche wenig dogmatisch zu, das gefällt mir. Nicht alles klaglos hinzunehmen und für Dinge zu kämpfen – das ist die Kernaussage, die ich mit Luther verbinde. Dass ein einziger Mensch mit Beharrlichkeit, Mut und einem unerschütterlichen Glauben unglaubliche Dinge anstoßen kann.

· · · · · · · · · · · · · · · · · · · · · · · · · · · · · · · · · · · · · · · · · · · · · · · · · · · · · · · · · · · · · · · · · · · · · · · · · · ·

**BETTINA WULFF,** geboren 1973, arbeitete als Pressereferentin, 2008 heiratete sie den späteren Bundespräsidenten Christian Wulff. 2013 trennte sich das Paar. Bettina Wulff hat zwei Kinder und lebt im Umland von Hannover.

## Christsein ÖFFNET Perspektiven und schenkt Zuversicht

**THEO ZWANZIGER**

Ich bete abends vor dem Einschlafen und zwar immer noch das Gebet, das mich meine Großmutter gelehrt hat: Müde bin ich, geh zur Ruh… Schon als Kind habe ich gespürt, wie wichtig für meine Mutter und meine Großmutter väterlicherseits der Glaube war und welchen Halt sie in der Bibel gefunden haben. Mein Vater und mein Onkel waren in den letzten Kriegstagen gefallen. Diese beiden Frauen haben meine Erziehung auf der Basis christlicher Wertvorstellungen geprägt. Ich habe die Hoffnung, sie und andere, die vorher gegangen sind, nach dem Tod wiederzusehen. Und wünsche mir wie jeder, wenn es so weit ist, ohne großes Leiden aus diesem Leben auszuscheiden, vielleicht auch mit einem Lächeln im Gesicht.

Die evangelische Kirche erlebte ich in der Schule und im Konfirmationsunterricht, allerdings erinnere ich mich bis heute noch daran, dass es in dieser Zeit zu viel Zwang und Druck gab, wie ich es von Mutter, Großmutter und später

189

auch von meinem Stiefvater nicht gewohnt war. Aber es gab ja den Fußball. So hätte ich gerne Fritz Walter nachgeeifert, wenn ich seine Talente gehabt hätte. Im Laufe der Jahre, mit dem Abitur und der Beschäftigung mit unserer Geschichte, hat sich für mich mehr und mehr Respekt und Sympathie für Menschen ergeben, die in außergewöhnlich schwierigen Situationen Mut bewiesen haben und trotz aller Anfeindungen zur Wahrheit standen. Deshalb nenne ich heute auf die Frage nach meinen Vorbildern mit voller Überzeugung Martin Luther und Henri Dunant, den Gründer des Roten Kreuzes.

Die gute Nachricht im Christentum ist für mich, dass mit dem Glauben an Gott die Liebe zum Nächsten verbunden ist, die dir aber auch erlaubt, auf dich selbst stolz zu sein. So kann man Freude am Leben gewinnen und dem Versprechen nach Vergebung der Sünden und der Auferstehung nach dem Tode vertrauen. Christsein öffnet Perspektiven und schenkt Zufriedenheit. Ich fühle und begreife mich in erster Linie als Christ, bezeichne mich aber gerne als evangelisch, vielleicht auch etwas als Abgrenzung zur katholischen Kirche, bei der das eine oder andere mir nicht so ganz zusagt.

Christsein im Alltag heißt für mich, meine Pflichten zu erfüllen, Bereitschaft zu zeigen, Fehler zuzugeben und nicht wegzusehen, wenn Unrecht geschieht. Der Glaube ist mir wichtig, er gibt mir Sicherheit, auch wenn Zweifel immer bleiben, mal stärker, mal weniger. Die Frage: Lieber Gott, warum lässt Du das zu?, ist auch mein ständiger Wegbegleiter.

Meine Frau und ich wurden christlich getraut, in der Kirche St. Peter zu Diez, in der wir auch getauft worden waren. Für uns war es selbstverständlich, unsere beiden Söhne taufen zu lassen. Ich bin mit meiner evangelischen Kirche sehr einverstanden. Wir haben große und überzeugende Führungspersönlichkeiten, die Toleranz und Offenheit praktizieren. Kirche muss überall sein, wo die Menschen sind. Ich spüre, dass dies gerade auch in meinem Dekanat vorgelebt wird. Meine Enkelin ist vor wenigen Wochen konfirmiert worden, ein toller, fröhlicher Gottesdienst, einfach nah bei den Menschen. Fröhlichkeit, aber auch die notwendige Ernsthaftigkeit bei der Befassung mit dem Predigttext sind mir in jedem Gottesdienst wichtig. Es ist nicht leicht, auf das sehr unterschiedliche Publikum einzugehen, ich lerne halt gern etwas dazu, aber tatsächlich kann ich mich nicht erinnern, mich bei meinen Kirchenbesuchen wirklich einmal ernsthaft gestört gefühlt zu haben.

. . . . . . . . . . . . . . . . . . . . . . . . . . . . . . . . . . . . . . . . . . . . . . . . . . . . . . . . .

Für sein Engagement gegen Fremdenfeindlichkeit, Diskriminierung und Rechtsextremismus wurde er mit zahlreichen Preisen ausgezeichnet: Der ehemalige Präsident des Deutschen Fußballbundes (DFB) **THEO ZWANZIGER,** geboren kurz nach Kriegsende in Altendiez im Rhein-Lahn-Kreis, gehört nach einer spektakulären Karriere als Fußballfunktionär dem FIFA-Exekutivkomitee an. Er ist erklärter Fan von Borussia Mönchengladbach. In seiner außersportlichen Laufbahn durchlief der promovierte Jurist Stationen als Steuerinspektor, CDU-Abgeordneter im rheinland-pfälzischen Landtag, Regierungspräsident und Verwaltungsrichter. 1991 gründete Zwanziger eine Anwaltskanzlei in Jena und später in Altendiez.

Grundlage der Texte sind Interviews, die von Amet Bick (S. 34), Dirk von Nayhauß (S.43, 45, 57, 59, 77, 109, 123, 144, 153, 187), Elke Rutzenhöfer (S. 125) und Andreas Schmid (S. 53) geführt wurden. Die Zusammenstellung der übrigen Texte und Kurzbiografien erfolgte nach schriftlichen Fragebogen durch Elke Rutzenhöfer.

## FOTONACHWEISE

Cover: Dirk von Nayhauß (6), Dethard Hilbig/epd-bild, Thomas Meyer/Ostkreuz Innenabbildungen: 2 Steffen Roth; 9 Martin Lengemann/laif; 15 Katja Bilo; 18 Fraunhofer IDMT; 21 B.Braun, Melsungen AG; 24, 65, 67, 116, 125, 136 privat; 27 Niederrheinische IHK; 31 Ralf Roletschek; 34 Thorsten Schrader/flashmedia bild; 38 Felix Vollmer; 41 Hermann und Clärchen Baus; 43, 45, 57, 59, 77, 123, 153 Dirk von Nayhauß; 47 Laurence Chaperon – B90/Die Grünen; 49 Thomas Koehler/Photothek/Getty Images; 53 Jürgen M. Pietsch; 61 Jens Kalaene/dpa Picture-Alliance; 70 Stefan Neubig; 79 Lutz Brée; 84 Reto Klar; 87 Volker Beinhorn; 91 Michael Hauri/imagetrust; 96 UFA/Jorinde Gersina; 99 Universität Heidelberg; 102 Jens Schulze; 105 juergen-bauer.com; 109 Stefan Falke; 110 Die Hoffotografen; 113 Frank Siemers/laif; 131 Frank Ossenbrink; 140 Thomas Trutschel/Photothek/Getty Images; 144 Thomas Meyer/Ostkreuz; 146 Gaby Gerster/Diogenes Verlag; 150 Bundesregierung Kugler; 155 Pressestelle Uni Oldenburg; 158 Thomas Koch; 162 Marijan Murat/dpa/Picture Alliance; 165 Jim Rakete; 167 Arno Burgi/dpa Picture-Alliance; 169 Michael Hudler; 174 Katharina Beling; 179 Amin Akhtar/laif; 182 Peter von Felbert 187 Dethard Hilbig/epd-bild; 189 Lars Baron/Bongarts/Gettyimages

Bibliografische Information der Deutschen Nationalbibliothek. Die Deutsche Nationalbibliothek verzeichnet diese Publikation in der Deutschen Nationalbibliografie; detaillierte bibliografische Daten sind im Internet über http://dnb.d-nb.de abrufbar.

HERAUSGEBER Nikolaus Schneider

REDAKTION Elke Rutzenhöfer

SCHLUSSREDAKTION Constanze Grimm

BILDREDAKTION Michael Apel

GESTALTUNG Kristin Kamprad, Hansisches Druck- und Verlagshaus GmbH

SATZ UND BILDBEARBEITUNG Friederike Arndt, Formenorm

DRUCK UND BINDUNG GCC Grafisches Centrum Cuno GmbH & Co. KG

ISBN 978-3-86921-256-2